71 個有趣的體驗式生活遊戲，
培養孩子的語言×數學能力

新手父母

圖解 **在家的**
蒙特梭利

玩出
創意小孩

Montessori Words Numbers
UK full layouts low

資深蒙特梭利教師訓練師
馬雅‧皮塔明克 (Maja Pitamic) ◎著
賴姵瑜 ◎譯

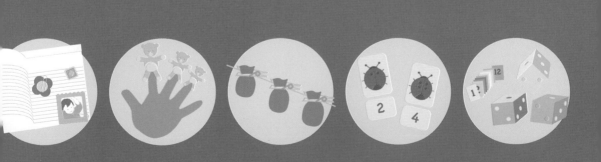

目錄

Part 1 語言好好玩

目錄

Part 2 數字真有趣

關於蒙特梭利

　　瑪麗亞・蒙特梭利（Maria Montessori）在 1870 年出生於羅馬，後來成為羅馬大學首位女性醫學士。1907 年，蒙特梭利開設第一間兒童之家（Casa dei Bambini），該校專收貧民區的兒童。她在此開發出當今舉世聞名的教學法。蒙特梭利最具革命性的信念，可能是對於孩子學習環境的重視。她認為，孩子們要能自信地成長茁壯，需要在一個以兒童為中心的環境中作業。今日，不僅蒙特梭利學校，所有學校都認同環境在兒童發展中所起的作用。

　　蒙特梭利總是表示，她並未設計出教學法，她的想法純粹出自對於孩子們的貼近觀察。蒙特梭利原則根據的是孩子的需求，包括獨立自主的需求、找到學習樂趣的需求、享受秩序的需求、受到尊重與獲得聆聽的需求，以及發現事實與虛構的需求。如今，這些需求依然符合時宜，與 1909年首度被觀察到的時候一樣，未有改變。

如何使用本書

　　本書以透過經驗學習的關鍵蒙特梭利原則為基礎，但請放心，你無須在自家中打造蒙特梭利教室。書中的活動只需要少許準備，使用現成材料即可。你可能會擔心自己沒有專業的教學知識；請別擔心！

　　下頁列出的要點，將引導你如何逐步向孩子示範活動。

教孩子如何操作剪刀的注意事項

　　孩子在學剪的動作之前，必須先學習如何安全地操作剪刀。請教導孩子提拿剪刀時，手握閉合刀刃處。向孩子展示如何遞剪刀，把手應朝向接收剪刀的人。

如何使用本書

★ 書中為免重複，活動說明裡交替使用「她」和「他」。所有活動皆男女孩適用。

★ 請檢查環境，確保你與孩子能夠安全舒適地進行活動。

★ 確保孩子能夠清楚看見活動。讓孩子坐在你的左側（如果孩子是左撇子，讓她坐在你的右側）。

★ 作業時盡量使用右手（或左手，如果孩子是左撇子的話），保持一致性。

★ 許多活動安排在托盤上進行，界定孩子的作業空間。請選擇使用無圖案的托盤，避免分心。

★ 請事先準備活動。向孩子建議活動時，卻發現手頭沒有材料，那是沒有意義的。

★ 示範活動時，請按部就班、有條有理。井然有序地擺置教材，這樣可以逐漸培養孩子的秩序感。

★ 讓孩子負責將教材遞送到作業空間，然後在活動完成後歸還教材。這樣會產生「作業循環」，鼓勵孩子專注在教案上。

★ 腦中清楚明白活動目的，因此，永遠要先做預習。

★ 別打擾孩子作業，請學著退居後方觀察。

★ 試著別有否定態度。如果孩子無法正確進行活動，請暗記心裡，後續階段再重新介紹即可。

★ 如果孩子全神貫注進行活動，還想再做一次，請隨其意願無限次數重做。孩子會在重複的過程中學習。

★ 空間允許的話，請為孩子打造一個作業區。活動結束後，將活動留放在安全區域，以便孩子得以隨其意願返回。

★ 如果孩子不當使用任何活動教材，必須立即移除活動。藉由此舉，她會明白自己的行為是不可接受的。該活動可以日後再重新介紹。

★ 請謹記，無論何時，你都是模範，孩子會以你的行為作榜樣。

常見疑問

 孩子多大時才向她示範活動？

　　我刻意未設定年齡，就是怕屆齡孩童不想做特定活動，可能引起父母的恐慌。每個孩子是優缺點各不相同的個體，很少有孩子在任何學習領域都充滿自信。原則上，蒙特梭利幼兒園通常會先向孩子們介紹前幾章的活動，這些活動可為其他活動奠下良好基礎。

　　針對 4 至 5 歲的孩童，建議從各章選取活動來作介紹。例外的情形是，如果孩子對某一主題特別有興趣，比如數學，這樣的話，你可以示範較多的算術活動。

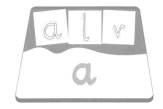

 活動要按照排序進行嗎？

　　請盡量按照各章內的排序，自然而然循序漸進。運用上有些彈性，因此，你可以嘗試一項活動，必要時在後續階段再返回進行。如果孩子對於某項技能已有信心，可以向他介紹後面的活動。不過，複習知識並無妨，而且這樣可以增進孩子的自信。

 如果活動有等級，
孩子何時可以進入活動的下一等級？

　　在「活動延伸」方塊中，你會找到由簡至難循序漸進的活動。一旦孩子熟練活動，有自信獨立作業，就可以向她示範活動的下一等級。

常見疑問

 如果孩子對活動感到困惑，該怎麼辦？

如果孩子表現出對活動感到困惑，最可能的情形是她還沒有準備好。同時請細想是否你自己的示範夠慢、夠清楚，是否你充分了解活動的目的。

 何時是一天中示範活動的最佳時刻？

孩童與大人一樣，在一天中某些時段的吸收力尤佳。大多數的孩子在早晨最易吸收，因此，要求高的活動宜在此時進行。其他活動可以隨時進行，但建議避免在下午後段進行。

**如果孩子看起來對活動
沒有反應，該怎麼辦？**

　　如果孩子看起來對活動沒有興
趣，請別擔心或對孩子生氣。只要
先把活動放在一旁，自行審視一遍
示範要點。反問自己，示範活動的
方式是否吸引人？時間上是否合
宜？自己是否了解活動目的，且孩
子是否明白活動的要求？想想看孩
子是否準備好進行該活動。

 如何使用學習單？

　　使用書末的學習單時，請放大至 A3 全頁尺寸，再複印至
A3 紙上。這樣做，孩子使用學習單時會有充裕空間，且可
多次重複使用。

13

Part
1

語言好好玩

　　幼兒接觸語言的方式與成人不同。當孩子開心投入活動時，看似不費吹灰之力，自然就能「吸收」活動中介紹的字詞。培養孩子的語言興趣並無固定方法，可以藉由孩子對故事、詩歌或特定主題的興趣多方發展。

　　本章中的活動有助於讓孩子愛上字詞、語言和書本，達到這一點，閱讀力自然隨之成長。

 # 學習顏色名稱

　　孩子們總是對顏色著迷不已；在幼兒面對周遭世界的認知發展過程中，顏色扮演著重要角色，所以最好可以盡早教導他們顏色的名稱。本活動是介紹原色和二次色的絕佳方法，以具體實作向孩子展示如何用原色混合產生二次色。

所需物品

- 黃色廣告顏料
- 紅色廣告顏料
- 藍色廣告顏料
- 可重複密封的塑膠袋 3 個
- 托盤

 ## 活動延伸

★ 進行顏色尋寶。將原色名稱分別寫在大張紙條上，協助孩子讀出顏色名稱（從紅色開始），然後他要在房間裡尋找紅色的東西，寫上顏色名稱，等他熟悉原色之後，再繼續練習二次色。

★ 介紹彩虹的各種顏色。

 活動

1. 將廣告顏料罐和可重複密封的塑膠袋放在托盤上。
2. 邀請孩子將托盤拿到作業區。
3. 向孩子說明,他將嘗試混合顏料,如混合黃色和藍色,產生新的顏色。
4. 請他打開一個塑膠袋,然後你擠入一點黃色顏料。
5. 接著換手,由你手持塑膠袋,然後孩子擠入一點藍色顏料。
6. 將袋子密封好,讓孩子用手搓揉塑膠袋,混合顏料,直到黃色與藍色顏料充分混合,變成綠色。
7. 重複以上步驟,在其餘的塑膠袋中做出其他二次色。如混合藍色和紅色,變成紫色;混合黃色和紅色,變成橙色。

 ・黃色 vs. 藍色的顏料比例應為 2:1。
・如果沒有廣告顏料,可以用玉米粉和水自製粉末顏料。

2 拍手遊戲

　　這個趣味遊戲不用任何資源，只需要一雙手。遊戲可以和一個孩子玩，也可以與一群孩子同樂。孩子開心玩遊戲時，潛意識裡就在發展說話的節奏和模式意識。

Part 2

活動

1. 面對孩子坐下，如果孩子超過一人，則圍成一圈。
2. 首先，大聲唸出孩子的名字，同時根據音節數用手打拍子。
   如果孩子超過一人，一一唸出他們的名字，同時打拍子。
3. 唸出家人和朋友的名字，同時打拍子。

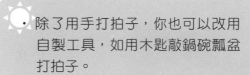

除了用手打拍子，你也可以改用
自製工具，如用木匙敲鍋碗瓢盆
打拍子。

活動延伸

★ 試試看孩子熟悉的其他主題詞彙。例如，唸出他喜歡的動
物或愛吃的東西，同時打拍子。

學習大小與形狀

這個簡單活動在積木疊成塔的過程中,引導孩子認識大小與形狀的排序和估量。此外,孩子在搬積木時,將會領悟到最大的積木也最重。本活動還將介紹「最大」、「最小」、「更大」、「更小」等字詞的概念和語彙。

所需物品

• 由小至大的積木 10 個
  (理想上,最好有 2
  至 3 個積木大到孩子
  需要用雙手搬)

活動

1. 請孩子協助你將積木拿到作業區。
2. 與孩子一起坐下,讓他可以清楚看見積木。

3. 告訴孩子，你現在要把積木疊成塔。選取最大的積木，放在你的前方中央，然後慢慢完成塔的其餘部分。

4. 告訴孩子，你現在要把塔拆除，再由他建造。一次取下一個積木，放在孩子的右側。邀請孩子疊建成塔。

💡 活動延伸

⭐ 重新建塔，但這次將積木疊放在一邊角上，而非中央。

⭐ 用積木建一座從左到右、由小至大的橫向階梯。

4 故事手套

　　要讓孩子瞭解故事如何建構，以角色扮演的方式來說故事，或許是最有效的一種方法。在本活動中，一副舊手套化為說故事的工具，可用來講述任何孩子喜愛的故事。

所需物品

- 學習單 ❻，附有《金髮女孩和三隻熊》（Goldilocks and the Three Bears）故事角色圖案（請參見 P182）
- 口紅膠
- A4 卡紙

- 鉛筆
- 彩色鉛筆或彩色筆
- 剪刀
- Velcro 威扣魔鬼氈小圓貼
- 兒童手套 1 副（使用仍然適合的舊手套）
- 托盤（任選）

活動

1. 影印學習單，黏到卡紙上。
2. 將卡紙放在桌上，其他物品全部放到旁邊的托盤上（若使用的話）。
3. 邀請孩子來製作故事手套。
4. 請她為故事角色著色。
5. 小心翼翼地剪下角色圖案。
6. 將 Velcro 威扣小圓貼黏上手套與角色圖案背面。現在，故事手套可供使用了。

- 向孩子示範如何進行「粗剪」（沿著每個角色圖案粗剪）。然後可能需要協助稍微修邊。

活動延伸

★ 按照孩子最喜歡的故事來創作角色圖案。

★ 故事手套適用於許許多多的其他故事，以下只是一些建議：《三隻山羊嘎啦嘎啦》、《三隻小豬》、《小紅帽》。

5 我去商店買了……

小時候，你可能玩過一種遊戲，就是得記住預定購物行程中一整串的購物清單。本活動是特別為幼兒設計的簡易版，最適合與兩個以上的孩子一起玩。

所需物品

- 選取孩子感到親切的物品（每個孩子都要有 1 樣東西放在籃子裡）
- 中大型籃子
- 擦碗巾，大小足以蓋住籃子

活動

1. 當你將其他東西拿到桌上時，請孩子提著籃子。
2. 請孩子們圍成一圈坐下。
3. 告訴他們現在要玩「我去商店買了……」的遊戲。
4. 把東西放在孩子圍圈的中間。
5. 把籃子遞給年紀最小的孩子。
6. 讓她從選取物品裡挑一樣東西。

7. 她選好後，請她說：「我去商店買了……」接著說出她所選東西的名稱，然後將東西放進籃子裡。

8. 將籃子遞給下一個孩子，讓他挑另一樣東西放進籃子裡。

9. 全部的東西都放進去後，用擦碗巾蓋上籃子。

10. 輪流問每個孩子是否記得自己買了什麼東西。

11. 問完所有孩子之後，打開籃子，讓孩子看看自己是否正確。

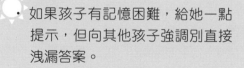

如果孩子有記憶困難，給她一點提示，但向其他孩子強調別直接洩漏答案。

💡 活動延伸

★ 孩子在記憶力方面更具信心時，可以增加每個孩子挑選放
　入籃子的東西數量。

字母尋寶

這是捉迷藏的另一版本，只是要尋找的是物品。每個物品應有相同的字首發音，讓孩子更加熟悉字母表和字母的發音方式。

A B C D E F G
H I J K L M N
O P Q R S T U
V W X Y Z

所需物品

• 中小型物品 4 個，每個物品都有相同的字首發音，例如：carrot（紅蘿蔔）、comb（梳子）、clip（迴紋針）、cup（杯子）

活動

1. 向孩子確認他很清楚物品有哪些。
2. 告訴他現在你要把東西藏起來。
3. 你在藏東西時，請他閉上眼睛。
4. 準備好時告訴他，然後請他尋找物品。
5. 如果他尋找某樣物品有困難，可能需要給他提示。
6. 找到所有物品後，遊戲結束。
7. 重述物品名稱和物品開頭的字母。

> 若是與多個孩子一起玩，請確保每個孩子都有一件物品。詢問每個孩子想找什麼東西。一旦找到他們的東西，他們可以視需要協助另一個孩子。

活動延伸

★ 一旦孩子在找東西上有信心，可以增加尋找物品的數量。

★ 孩子充分掌握遊戲後，對於字母越來越熟悉，原本要尋找以相同字母開頭的物品，現在可以嘗試按照字母表來玩。請孩子尋找以字母「a」開頭的物品，然後是字母「b」，依此類推。別一次走完整個字母表；試試看一天 4 個字母，然後次日再 4 個字母。

用道具編故事

　　任何道具都可以作為孩子自己編故事的良好起點。這裡，我收錄一些發現效果特別好的建議。

所需物品

- 選取道具，例如：成人鞋 1 雙、各式各樣的帽子或標示「請打開」的包裹

- 孩子需要持續的提示來協助他們發展故事，如提出以下問題：接下來發生什麼事？他們安全回來了嗎？她看到獅子時，覺得害怕嗎？
- 你必須扮演引導角色，帶領孩子編完故事。

很久很久
以前……

活動

1. 告訴孩子現在她要編一個故事。
2. 向她展示為她選取的道具。
3. 關於成人鞋，你可以暗示這雙鞋子是巨人的。請孩子描述巨人的模樣、他或她住在哪裡、正在進行什麼冒險？
4. 關於各式各樣的帽子，你可以向孩子說明，假設帽子屬於其他人。請她描述他們的模樣，以及為什麼戴這些帽子？
5. 孩子們無法抗拒打開包裹的吸引力，所以正可作為故事的絕佳起點。無論包裹裡放入什麼，都將決定創作的故事類型。例如，你可以在包裹中放入一枚戒指，解釋戒指擁有特殊力量，然後請孩子告訴你它的特殊力量可能是什麼、誰擁有這枚戒指？

 **用道具說故事**

　　在這個遊戲中，你會用道具來說一個孩子熟悉的故事。孩子必須從擺在面前的道具，猜測是哪個故事，然後說故事、再演出來。請選一個孩子喜愛的故事，想想看可以用什麼道具來表現故事，讓孩子能夠立刻辨認出來、聯想起來。

所需物品

適合故事的道具，以《金髮女孩和三隻熊》為例：

- 大、中、小碗
- 湯匙 3 支
- 燕麥片盒

活動

1. 將選取的道具全部陳列在孩子面前。
2. 問他知道什麼故事裡有 3 碗燕麥粥。你可能需要指出不同大小的碗來輔助。
3. 然後你可以問他：為什麼故事叫做《金髮女孩和三隻熊》，這個小女孩做了什麼？
4. 持續提問，直到孩子説完整個故事梗概。
5. 請孩子用道具模擬表演故事內容。

> 如果是與多個孩子一起玩，請確定挑選的故事是所有孩子都熟悉的。

 活動延伸

★ 本活動適用於任何兒童故事。例如，若是《小紅帽》故事，需要一件帶兜帽的紅色斗篷作為道具，或者只是一件紅色連帽衫也可以，還有一整籃好吃的東西讓她帶給奶奶。詢問孩子什麼故事裡有紅色斗篷？然後可以問他：為什麼故事叫做《小紅帽》，這個小女孩做了什麼？再次持續提問，直到他說完整個故事梗概。

故事板

本活動利用從雜誌剪下來的圖片,製作一塊故事板,讓孩子據此自編故事。故事板中可試著納入多個故事角色和互動式設定。

所需物品

- 選取舊雜誌
- 兒童剪刀
- 成人剪刀
- 黑色彩色筆
- A3 卡紙或紙
- 口紅膠

活動

1. 請孩子從雜誌剪下吸引他的圖片。可協助他先撕下該頁，用黑色彩色筆圈出他想剪下的圖片。
2. 讓孩子收集約 10 張圖片。
3. 請他將圖片攤開，放在卡紙旁邊。
4. 尋找圖片中的人物或動物。若是人物照片，問他那個人可能叫什麼名字，激發他的想像力。若是動物照片，問他該動物是男生或女生。
5. 請他把圖片貼在卡紙左上方，若你願意，把人物或動物名字寫在下面。告訴他你現在要編一個關於該人物或動物的故事。
6. 請他看一看其他圖片，告訴你接下來發生什麼事。你可能需要提出一些建議，讓他起頭。例如：他去度假嗎？她去購物嗎？
7. 繼續直到所有圖片都用完，在卡紙上黏成一排。如果空間不足，請黏第二排。
8. 按照一張張照片重述故事。

 # 故事地圖

　　故事地圖是很棒的工具，能夠讓孩子說故事，建立故事的連續感，瞭解故事有開頭、中間和結尾。筆者選用的故事是《金髮女孩和三隻熊》，因為該故事在描述質地、溫度和大小方面有極佳的詞彙運用，當然，你可以任選孩子特別喜歡的故事。

所需物品

- A3 紙
- 鉛筆
- 彩色鉛筆、蠟筆或彩色筆
- 橡皮擦
- 孩子最喜愛的童話書（如《金髮女孩和三隻熊》）

活動

1. 將 A3 紙（直向或橫向）放在桌上，旁邊放置繪圖材料。
2. 邀請孩子將她最喜愛的童話書拿到桌上，向她說明現在要製作故事地圖。

3. 請孩子標示她認為故事主角的房子應該在哪裡？然後標示其他角色的住處。提示她在兩個家之間也許有一條小徑。

4. 詢問她認為在小徑兩側應該有什麼？請她畫出所有這些東西，並且著色。

5. 地圖完成後，現在孩子可用以重新說故事，或許從「很久很久以前」開始。

💡 **活動延伸**

★ 附有《金髮女孩和三隻熊》故事角色圖案的〈學習單 ❻ 〉，可以影印、著色、剪下，然後貼上卡紙（請參見 P182）。每張角色卡的底部，放一小球萬用黏土，然後可以放在地圖上，一邊說故事一邊移動。

學習愛護書本

　　培養孩子內在對於故事與文學的熱愛，一部分也在教導他們帶著謹慎和敬意對待書本。以下是我鼓勵這種態度的主要建議：

- 記住你是榜樣：如果孩子看到你小心翼翼對待書本，那麼他也會這樣做。

- 向孩子展示一些你最喜愛的書，特別是你從小愛不釋手的書，並且說明為什麼它們對你來說別具意義。

- 向孩子示範如何摸拿書本和翻頁。

- 提醒孩子在摸拿書本時，手部要保持清潔，並且書上不應使用鉛筆或鋼筆劃記。

- 針對年紀大的孩子，確保他們得以輕易取用書籍，向他們示範如何取出書本和放回書架。

- 針對較年幼的孩子，請使用書箱（圖書館經常使用的木頭書箱）；你可以設一個故事類（fiction）書箱和一個知識類（non-fiction）書箱。

挑選書本

　　兒童讀物如此之多,要從哪裡開始選起呢?無論是在書店或圖書館選書,以下是協助你做出選擇的一些指引:

- ♥ 盡量多給自己時間。可能的話,帶著你的孩子,讓她能夠體驗翻閱書籍的樂趣,這比上網好玩多了。

- ♥ 若要為孩子閱讀選書,請選擇適合她年齡的書籍。選擇說故事的書籍時,請選擇比孩子年齡大一歲半的書。

- ♥ 選擇長短篇故事混合的書,等孩子大一點,他可以擁有睡前讀物,每晚閱讀一章。

- ♥ 檢查書中是否有任何可能會嚇到孩子的圖案或想法;若是一本睡前讀物,這一點尤其重要。還要避免只瞥看頭兩頁;你可能會驚訝發現意想不到的結局。

- ♥ 選擇你知道孩子感興趣的書籍,例如:動物或交通工具。還有考慮處理童年議題的書籍,如情感、分享和友誼。

- ♥ 確保書籍在奇幻與日常之間保持平衡,蘊涵廣泛的人類情感。

- ♥ 知識類書籍非常適合處理「第一次遇到的情況」,例如:家中有新生兒、第一次去看醫生或上學的第一天。這類書籍也可以用來探索孩子的興趣,例如恐龍,或者回答關於周遭世界的問題。

- 選擇插圖清晰足以闡明文字的書籍，若是故事類書籍，最好能夠啟發故事連續感。

- 最後，也是最重要的，允許孩子在選書上參與一些意見。

 唸書給孩子聽

　　「你坐得舒服嗎？那開始囉！」所有故事都應該這樣開啟，因為當我們覺得舒服且準備好聆聽，愈能享受故事。撥出時間說故事，確保你在唸書給孩子聽時，孩子感到舒適就緒。考慮看看在他的臥室裡建立一個閱讀角落，冬天鋪上地墊和柔軟毛毯。

💙 唸故事的方式會影響孩子的傾聽和理解。建議你先讀過故事一遍，讓你能夠確認內容的適合度，你也可以在開始前預作介紹，吸引孩子。例如：「這是我最喜歡的故事，因為……」或「這個故事好好笑，因為……」或者，你可以告訴他故事的開頭：「在這個故事裡，一隻小老鼠展開冒險之旅；我們來看看發生了什麼事？」

💙 某些故事裡頭，若認為孩子可能覺得部分內容有點可怕，你可能需要安撫孩子。例如，在《小紅帽》中，你可以解釋，會說話的野狼只存在故事書中。若是大一點的孩子，你可以說：「這是關於一個小女孩和一隻野狼的故事，但我認為小女孩更聰明；我們一起來看看。」

在說故事期間，可以一邊提出問題和發表評論。如果你知道故事進展到緊張刺激的環節，可以先停下來，詢問孩子可能的結果，例如：「你認為小男孩會被救出來嗎？」如果故事處理的是童年議題，像是分享，你可以對故事情境發表評論，例如：「小女孩不分享她的玩具，這樣不是很好。」

以這種方式提問和評論，孩子也會想這麼做。請注意，別讓提問和評論妨礙故事的連續性。如果擔心這會發生，請對孩子說：「我們先繼續講故事，故事說完之後，再來思考這個問題。」故事說完後，花一些時間與孩子討論他對故事的想法，以及從中產生的任何議題。

全書終

 與孩子共讀

　　孩子很喜歡別人唸故事給他聽之後，現在準備好讀他的第一本書。許多書是專為初次閱讀的小讀者所寫的。你必須選擇一套以自然拼讀為基礎的閱讀模式，書籍經過仔細分級，在每一級引入新的詞彙。請選擇內容有些重複名詞是孩子已經能夠識讀的書。你會發現這些書依循相同的結構，從建構字詞、詞組到句子，如同本章的活動一樣。

● 向孩子介紹新書時，要以非常正面和鼓勵的口吻。告訴他書名，看著封面圖片，討論故事可能是什麼。

● 向孩子說明，現在將從看圖開始。這樣做可以在嘗試閱讀之前，先對故事有點概念。

● 告訴他書中一些字詞是他已經認識的。瀏覽書本，找出他已經熟悉的字詞。鼓勵他唸出字詞；這樣他會更有信心閱讀本書。

● 回到書的開頭，現在他可以閱讀故事。請將你的手指放在他讀的每個字詞下方，請他「唸出」個別字母的自然拼讀音，像在閱讀活動中所做的那樣。

● 他獲得信心後，開始無須唸出聲就能識別字詞。若是新的視覺字／常見字（sight word），你需要唸給孩子聽，但最終經過多次重複，他會自己開始識別這些字詞。

● 如果你想強化關鍵視覺字／常見字，可以製作一些單字閃卡。

○ 切勿「為了想看看他是否真的認識字詞」，就在孩子閱讀時試圖遮蓋圖片。實際上，圖片有助於解讀字詞。

○ 每次閱讀時間不超過 10 分鐘。與孩子討論故事內容，讓他詢問相關問題。

○ 孩子讀完一本書時，讓他知道你有多高興。

○ 一直複習重讀，在孩子有信心閱讀現有書籍之前，別試圖換下一本書。

15 介紹地球儀和地圖

　　地圖將土地實體形式化為二維、三維形式，對於孩子來說，還有什麼比地圖更抽象呢？本節活動企圖協助孩子在理解能力上跨出這一大步，讓他的初次地理體驗盡可能具體。

　　孩子將學習熟悉地球儀和世界地圖，瞭解到兩者都代表地球，同時，他也會習得陸地是由大洲組成，每大洲有各自的名稱。

所需物品

- 地球儀
- 世界地圖，每大洲以
  不同顏色顯示尤佳

活動

1. 向孩子展示地球儀，邀請他摸摸看。詢問他地球儀讓他想起什麼形狀？希望他提到球，然後你可以解釋這種形狀稱為球體。他可能會想起來先前的活動中曾經見過。

2. 說明這個球體代表地球，即我們賴以生存的星球。稍後，解釋這個球體也稱為地球儀。說明藍色代表海洋，彩色圖形代表陸地。

3. 將他居住的國家指給他看。提及你們的家鄉或城市，然後解釋這是位在更大的國家之中。用你的手指描畫國家的輪廓，然後請孩子也照做。當他這樣做的時候，一面說出你們居住的國家名。

4. 現在來尋找其他孩子熟悉的地點，比如其他家庭成員居住之地或你們曾經度假過的地方。在接下來的幾天裡，向孩子介紹其他大洲。

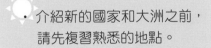

介紹新的國家和大洲之前，
請先複習熟悉的地點。

活動延伸

★ 向孩子展示世界地圖。請他在地球儀上找到你們的國家，然後請他在地圖上也找出來。孩子若有困難，提供他一些線索，比如告訴他大洲的顏色。同樣地，請他找出其他曾經去過的國家。

★ 如果孩子喜愛動物，聊一聊在各大洲上發現的不同動物。把動物圖片貼在地圖上。

16 玩文字遊戲

　　藉由說故事的方式,可以讓孩子體驗到語言的潛在刺激。現在,你可以透過字詞的聲音、節奏和押韻,協助孩子探索字詞的聲音力量。

童謠

● 童謠的吸引力眾所周知;它們對童年的影響之深,乃至我們長大成人都還記得。事實上,孩子不懂韻文的原意,並不影響她對童謠的喜愛。童謠的吸引力,部分來自於意象式的無厘頭,例如:牆上的蛋頭先生(Humpty Dumpty)或溜上時鐘的老鼠(Dickory, dickory, dock)。

● 童謠向孩子介紹押韻的字詞,而孩子會發現語言非常令人興奮的這個面向。你可以再加以擴展,方法是查看故事中的押韻字、看看是否能夠再添加押韻字,或者用押韻字任意造句。還有,孩子們很喜歡帶動作的童謠,這可以發展他們的協調能力,同時強化押韻。為了讓孩子意識到字詞中的節奏,請嘗試與孩子一起一邊唸韻文,一邊打拍子。

詩

- 詩裡頭的押韻和文字遊戲比童謠更複雜。像故事一樣，詩可以讓孩子更廣泛地理解周遭世界，以及處理童年經驗。詩和韻文也可以作為學習主題（如一週的星期名稱或一年的月份名稱）的記憶輔助工具。

- 孩子們喜歡背詩，當他們設法記住一首詩時，會感到無比自豪。從一首不超過 4 行的詩背起，然後再背較長的詩。目標應是培養語言的樂趣，而非以學習為機制。學一首詩的時間，一次切勿超過 10 分鐘。

- 除了背詩，你也可以介紹一些繞口令，比如「彼得·派珀」（Peter Piper）。

編故事

- 協助孩子編自己的故事，能夠幫助她瞭解故事是如何建構的。一開始先討論她故事中的角色人物、他們的名字、住在哪裡，還有可能發生什麼事。然後講述故事，但不時停下來問孩子：「接下來發生什麼事？」故事講完之後，再針對她在故事中運用的想法給予評論。

# 17 自然拼讀字母表

在蒙特梭利教育中，總是先教字母表的自然拼讀音，後來才教字母名稱。除了教授字母的自然拼讀音，我們也教如何按照筆順摹寫字母。本活動使用鹽盤，因為孩子們對鹽的觸感有所反應，有助於他們記憶字母的摹寫方向。蒙特梭利學校使用砂紙字母；如果你很勤勞，可以參考〈學習單 ❷ 〉上面的字母，自製一套砂紙字母。摹寫後剪下來，然後貼在厚紙板上。

所需物品

- 小型烤盤 2 個，約 20 x 30 公分
- 鹽，烤盤盛至半滿的量
- 學習單 ❶，字母表的字母與自然拼讀音（請參見 P174）

> 試著鼓勵孩子在摹寫字母時唸出自然拼讀音。

活動

1. 確定孩子的雙手清潔、乾燥。請孩子將一個烤盤拿到桌上，同時你拿另一個烤盤。一個烤盤放在她的前方，另一個放在你的右側。

2. 摹寫字母「a」，以烤盤全幅大小，用食指寫成字母。唸出它的自然拼讀音（參考學習單）。將烤盤遞給孩子，讓她摹寫字母，在她寫的時候，唸出：「這是『a』。」

3. 互換烤盤，字母「t」重複相同步驟。兩個字母都再重複相同步驟，加強作業。

4. 將兩個烤盤都放在孩子面前，然後問她：「你可以指出『a』嗎？你可以指出『t』嗎？」

5. 然後互換烤盤，但這次說：「你會寫『a』嗎？你會寫『t』嗎？」接著問：「哪一個是『a』？哪一個是『t』？你會寫嗎？」

6. 指向「a」烤盤問道：「這是什麼？」孩子說出字母音後，請她再說一次，然後摹寫。接著指向「t」烤盤，依循相同步驟。

7. 重複步驟 2 至 6，但由「t」開始。

活動延伸

★ 繼續介紹其餘的自然拼讀字母，但總是複習前一次的 2 個字母。將已經練習過的字母作記錄（可以注音符號代替）。

18 自然拼讀音遊戲

　　自然拼讀音是字詞的組成部分，孩子學會識別它們是學習如何造詞的第一步。本遊戲利用具體實物來輔助強化自然拼讀音，幫助孩子有信心識別物品名稱的字首音（initial sound）。我要特別強調，遊戲必須慢慢進行，這樣孩子才能正確聽到聲音。

所需物品

- 字首音為相同自然拼讀音的小東西 3 至 4 個
- 字首音為其他自然拼讀音的小東西 3 至 4 個
- 托盤，素面尤佳

> · 若是幼兒，請在遊戲
> 開始之前，檢查他們
> 知道所有物品的名
> 稱。你可以用 1、2 樣
> 東西作示範。

活動

1. 把所有東西放到托盤上。
2. 邀請孩子坐在你的身旁。
3. 向孩子解釋，他必須挑出字首音為選定自然拼讀音的物品。
4. 非常仔細地唸出聲音，請他在開始尋找物品之前複述一遍。
5. 每當找到一樣東西，請他從托盤中取出，放在一旁。
6. 請他複述每一樣東西的名稱。

活動延伸

★ 一旦孩子對這個遊戲有信心，即可進展至聆聽物品名稱的字尾音和中間音。

 **辨識字母**

　　接下來的 2 個活動側重於不同字母的書寫符號。首先，在本活動中，你將用鹽盤來寫字母，然後必須配對到紙上字母。孩子對識別字母愈來愈有信心時，你可以納入更多供選擇的字母。

所需物品

- 學習單 **❷** （請參見 P175）
- 籃子或容器
- 烤盤 20 x 30 公分
- 鹽，烤盤盛至半滿的量

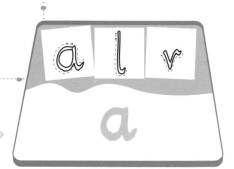

☺ ⟶

影印〈學習單 **❷** 〉，沿虛線剪下字母。將個別字母放入籃子或容器中，以及鹽盛至半滿的烤盤。

活動

1. 請孩子將籃子拿到桌上，同時你拿鹽盤。把鹽盤放在她的前方，籃子放在你的面前。
2. 從籃子裡選 3 個字母，確保它們的外型相差懸殊。
3. 將字母放在鹽的上方排成一排。在鹽裡頭摹寫其中一個字母。請孩子察看你的摹寫，然後選擇配對的紙上字母。
4. 當你選取另外 3 個字母時，請孩子擦掉鹽上的字母。重複相同步驟，直到練習完約 8 個字母。

紙上字母配對

前一活動中，僅僅配對 1 組字母；現在增加到 3 組，然後 6 組，最後 8 組。你會需要 2 套紙上字母。

- **學習單 ❷**（請參見 P175）
- 剪刀
- 小籃子或容器 2 個

☺ 影印另一套字母。將每一套分別放入籃子或容器中。

活動

1. 請孩子將一個籃子拿到桌上，你拿另一個。請孩子將一個籃子放在他的前方，另一個籃子放在你的面前。

2. 請孩子從他的籃子裡取出 3 個字母，在籃子前方排成一排。你從你的籃子裡找出相同的 3 個字母，然後堆成一疊，放在孩子面前。

3. 請孩子配對字母，直到 3 個字母全部配對完成。把成對的字母堆成一疊，放在你的右方。活動結束時，需要將字母分回 2 套。

活動延伸

★ 將一套紙上字母按照字母順序排列在大型托盤上。另一套字母放在籃子裡。請孩子從籃子裡取出一個字母，然後找出托盤上的配對字母。你可能需要提供一些線索，比如：「我想你得看看最上面那一排。」

21 字詞拼組

本活動是邁向最終目標，即孩子自行閱讀的重要一步。透過聆聽字母的自然拼讀音，孩子將在聽覺和視覺上學會拼組字詞。

所需物品

- **學習單 ❷**（請參見 P175）
- **學習單 ❹**（請參見 P178）
- **剪刀**
- **信封 2 個**
- **大型托盤**
- **萬用黏土**

· 影印 5 份〈學習單 ❷〉至 A3 紙上（若留有先前活動的字母，亦可重複使用）。用萬用黏土將一張黏到托盤上，其餘裁成個別字母。將字母按照字母表配對，疊放在托盤上。

· 影印〈學習單 ❹〉至 A3 紙上。剪下字詞和圖片，依自然拼讀音分群組。每一群組放入個別信封。活動時一次選一個信封。先使用圖片，之後再用字詞。

這個活動要求仔細聆聽字詞的各個音，所以請花一些時間，緩慢而清晰地唸出字詞的自然拼讀音。

活動

1. 請孩子拿一個信封到地板上，同時你拿托盤。請在鋪有地毯的區域作業，但確認沒有花紋圖案，避免注意力分散。將托盤放在孩子的前方，信封放在你的面前。
2. 從信封中取出 3 張圖片，放在孩子面前。請她選擇其中一張圖片，如圖釘。向孩子説：「我們現在要用字母拼出『pin』這個字。」請她把圖片放在左側，托盤的下面。
3. 現在説：「我説『pin』這個字的時候，你聽到的第一個音是什麼？」讓她與你一起多唸幾次這個字，緩慢而清晰地發出每個自然拼讀音。以加重強調字首音的方式來協助她。
4. 她回答「p」的時候，請她從字母表中找出字母「p」，然後把字母放在圖片旁邊。
5. 現在向孩子説：「我們有『p』，但現在要聽下一個音。」重複與先前相同的步驟，找到「i」，把它放在「p」的旁邊。

6. 孩子可能會直接聽出字尾音「n」（孩子較容易聽見字首音和字尾音）。若出現這種情形，請按照相同步驟作業，但當她把字母「n」放在「p」的旁邊時，請她留一空格。告訴她必須仔細聆聽，找出介於「p」和「n」之間的另一個字母。

7. 詢問孩子：「你能聽出『pin』的最後一個音嗎？」按照相同步驟，直至找到「n」字母，把它放在「p」和「n」，拼出「pin」。

💡 活動延伸

⭐ 同一母音群組的第 2 和第 3 個字，重複相同作業。請使用 3 個字母的字詞，如「tin」和「pip」。

⭐ 孩子完成 3 個字詞後，問她是否想拼第 4 個字。逐漸拼到 6 個字，不過，只能按照她的速度增加字詞量。

⭐ 孩子完成一個母音群組後，繼續進行另一群組。由於是新的母音，請與她一起練習一、兩個字，然後讓她完成全部 6 個字。

⭐ 引入 4 個字母的自然拼讀字詞。你可以按照〈學習單 ❹ 〉的模式，準備相關字詞與圖片學習單。

用字卡＆圖卡學認字

　　本活動再次使用前一活動中使用的圖卡，但這次用以輔助解讀書面文字。在試圖讀字卡之前，孩子必須先完成前一活動。

pin　　tin　　lips

・鼓勵孩子與你一起大聲唸出字詞。每次唸得更快一點，讓他聽見聲音的混合。

活動

1. 將選取一組圖卡和字卡（例如，全部使用相同母音的群組），請孩子把信封拿到桌上。
2. 取出 3 張圖片，請孩子將圖片放在他面前的桌子中間，排成一排。同時，請你找出對應的字卡，堆成一疊放在孩子的前方。
3. 請孩子讀第一個字。他需要慢慢解讀各個音。先問他字首音是什麼，請他尋找以那個音開頭的圖片，如有必要，帶他看過每張圖片，請他告訴你第一個音為何。他讀出字詞後，請他把字卡放在圖卡下面。
4. 按照相同步驟，直到讀完所有字卡，且一排圖片下方都有對應的字詞。如果孩子卡在其中一個字，請向他說：「我們晚一點再回來看這個字。」並將該字放在字卡堆的底部，可在最後再次嘗試。

活動延伸

★ 孩子對字詞與圖片配對有信心時，將圖片數量增加至 6 張。你可以再度使用先前的 3 張卡，新舊混合的效果頗佳。
★ 讓孩子繼續練習其他母音群組。

23 建構詞組

　　孩子會很喜歡這個活動，因為她可以任意建構無厘頭的詞組。透過字詞拼組和閱讀活動，孩子學會建構和解讀 3 至 4 個字母的自然拼讀字詞。本活動將示範如何在詞組的脈絡下使用這些字詞，下一個活動㉔〈造句〉還將字詞運用在句子中。本活動也引入視覺字／常見字（sight word），這些字是無法「聽出」而必須依賴視覺學習的字詞，如「the」。

所需物品

- 學習單 ❸（請參見 P176）
- 學習單 ❹ 的 3 字母圖卡
  & 字卡 1 組（請參見 P178）
- 剪刀
- 信封 3 個
- 彩色鉛筆

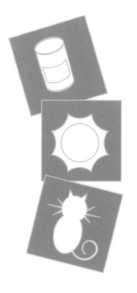

☺ 影印 2 份〈學習單 ❸ 〉，
每一欄畫不同底色：冠詞
用藍色，動詞用黃色。輕輕
畫底色，避免使字詞看不清
楚。剪下個別字詞，放入與
圖片不同的信封。

The	sun	sat
A	tin	jumps
	cat	hops
		digs
		runs
		puts

活動

1. 請將信封放在托盤上。請孩子把托盤拿到桌上，坐在你的左邊。托盤置於孩子的正前方中央，請她從圖片信封中選 3 張圖卡，在自己的前面擺成一排。

2. 從字詞信封中取出動詞與「the」和「a」兩張字卡，再加上對應孩子選取之圖片的 3 張名詞卡，直欄式排在托盤上。將信封放在你的右側。

3. 請孩子選一張圖片，放在托盤正下方的中間。請他識別圖片，在托盤上找到對應的字詞（必須向他指出名詞欄在哪裡）請她把字詞放在圖片下方。

4. 請孩子選擇該字詞正在做什麼。例如，如果她選擇 cat「貓」，問她貓可能在做什麼。將動詞欄指給她看，引導她唸過一遍。請她選一個放在名詞後面。其他 2 張圖片也按照相同步驟。

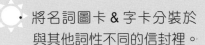 將名詞圖卡 & 字卡分裝於與其他詞性不同的信封裡。

5. 回到第1張圖片，解釋所有普通名詞前面都必須加上
「the」或「a」。然後舉例說明，比如：「The frog
hops.」。請孩子為句子選擇「the」或「a」。（在這個
階段，先不急著教導孩子使用「the」或「a」的正確脈絡）
按照相同步驟，將「the」或「a」加至其他2個詞組。

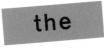

 活動延伸

★ 孩子能夠建構3個詞組後，再使用該群組裡頭的另外3張
圖卡。然後繼續練習其餘的母音群組，最後，仍以3個為
一組，進一步練習4個字母的字詞。

24 造句

孩子有信心建構詞組後，可以嘗試將詞組構成句子。在本活動中，他將會添加形容詞、介詞、第 2 個冠詞和第 2 個名詞。本活動的樂趣部分在於孩子可以任意造出無厘頭的句子，句子沒有意義也沒關係。這是一項具有難度的活動，所以孩子完成時，請讓他知道自己做得很棒。

所需物品

- 學習單 ❸ 和學習單 ❹ 的字卡（請參見 P176、178）
- 紙　　• 黑色彩色筆

- 請等到孩子對活動的一個階段完全有信心，再引入新的概念。

活動

1. 按照與前一活動相同的步驟，但這次將形容詞加入詞組。告訴孩子形容詞是用來「描述」字詞。在「the」或「a」與名詞之間留一空格，向孩子說道：「我們現在要加入一個新字來描述……」（譬如，cat「貓」）。
2. 按照相同步驟，但這次將介詞加入詞組。孩子添加形容詞後，向他說道：「我們現在要加入一個新字，說明貓坐在哪裡。」

The red cat sat
The red cat sat on
The red cat sat on log
The red cat sat on the log
The red cat sat on the log.

3. 按照相同步驟，但現在加入第 2 個名詞。向他說道：「我們現在要加入一個新字，說明貓坐在什麼上面。」在介詞和名詞之間留一空格。

4. 按照相同步驟，但這次加入第 2 個「the」或「a」。孩子添加名詞後，可能意識到為什麼前面要留空格。如果他不明白，請指向第 1 個名詞和前面的「the」或「a」，提醒他需要加「the」或「a」。

5. 孩子完成造句後，向他說明你們造出一個句子，並且複習過程中的的每一個步驟。甚至可以加一個紙上圓點來代表句點。請孩子繼續將其他 2 個詞組化為句子。

• 請記住，在這個階段，句子無須意義完整；重點是要理解「句子」的含義。

 # 動手做日記本

製作日記本是讓孩子理解順序概念的好方法。你可以將本活動留待假日來做，或者只是記錄日常一週的事件。

所需物品

- A4 素描本或剪貼簿
- 膠水
- 剪刀

- 彩色鉛筆
- 膠帶
- 小透明袋

活動

1. 在第 1 頁寫下「我的日記」。如果孩子夠大，她可以自己寫。在每一頁的頁首寫下日期和星期幾，構成完整一週。

2. 每天協助孩子收集可以放入日記的物品。例如，明信片、貝殼、樹葉、羽毛、花、包裝紙、票券和照片。

3. 鼓勵孩子在事情發生當天把物品放入日記裡，否則可能會忘記是哪一天收集的。若是貝殼或羽毛等物品，請放入小透明袋中，然後貼在或釘在日記上。如果有一天沒有收集任何東西，孩子可以畫出她那天所做的事。

4. 若是大一點的孩子，應鼓勵她在下面寫一兩句話。日記完成後，請與孩子一起回顧，看看她是否記得每一天發生的事。在她發表意見之前，讓她有時間看一下圖畫或物品。

26 動手做圖畫書
（生命週期）

　　要讓孩子理解故事如何構建，最顯而易見的方法是製作一本書。本活動運用蝴蝶生命週期的「故事」，內容蘊含大自然的發展變化。孩子製作圖畫書之前，必須先熟悉生命週期。最佳方法之一，就是讓他親自觀察生命週期的運作。你可以郵購方式取得毛毛蟲卵，提供周全的食物與環境，孩子便能直接目睹各個重大變化。如果實務上不可行，不妨共讀相關書籍，讓孩子看到生命週期的不同階段。

所需物品

- 關於蝴蝶生命週期的書
- A4 白紙 2 張
- 直尺
- 鉛筆
- 彩色鉛筆或彩色筆
- 打孔機
- 細繩或緞帶

☺ 用直尺和鉛筆，將紙劃分為 6 個大小相同的方形。

一顆卵在葉子上

小毛毛蟲

大毛毛蟲吃葉子

毛毛蟲造繭

蝴蝶破繭而出

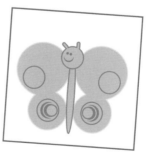

蝴蝶等待翅膀風乾

1

語言好好玩

Part

2

數字真有趣

73

活動

1. 告訴孩子，現在他要自製一本關於蝴蝶生命週期的書。協助他在每個方形中畫出生命週期的不同階段。
2. 請孩子畫出明暗、剪下圖片，然後每一頁貼上一張圖。
3. 如果孩子夠大，鼓勵他為每張圖片寫一兩句話。
4. 提供另一張紙或卡紙，製作封面。將每張紙打孔，然後向孩子示範如何用一根繩子或緞帶把整本書綁起來。請孩子裝飾封面。

💡 活動延伸

⭐ 艾瑞・卡爾（Eric Carle）的《好餓的毛毛蟲》（The Very
Hungry Caterpillar）是對於蝴蝶生命週期的故事性描述。
毛毛蟲吃遍各式各樣的食物，包括棒棒糖和乳酪。孩子可
以換成自己選擇的食物。幼兒也可能會想將洞洞加到他的
自製書上。

27 畫家譜圖（家庭樹）

藉由製作家譜圖的經驗，孩子將會學到自己的家庭位置，理解過去、現在和未來等詞語。

- 大張色紙
- 白紙數張
- 膠水
- 彩色鉛筆或家人照片

活動

1. 請孩子在大張色紙上畫一棵大樹，佔滿整個頁面。告訴孩子現在要製作家譜圖。

2. 請孩子在一張白紙上畫每個家庭成員，或者找出照片。

3. 協助孩子將圖片或照片貼在樹上，祖父母在最上方，父母在中間，孩子在下方。還可以納入姑姑、阿姨、嬸嬸、伯伯、叔叔、舅舅、堂兄弟姊妹、表兄弟姊妹，甚至寵物。

4. 請孩子在紙張最上頭寫下「我的家庭樹／家譜圖（My Family Tree）」。她也可以寫下所有家人的名字，加上出生年月日，以及指向照片的箭頭。

作一首圖象詩

本活動是結構性故事寫作的變化,可以讓孩子發現語言多麼有趣。在圖象詩中,文字化為詩主題的實際形象。幾乎任何主題都適用。以下是一些例子:

slippery, slidey snail leaves a trail 滑溜溜的蝸牛留下痕跡

蝸牛詩

請孩子按照蝸牛殼的螺旋捲形寫下詩的文字。鼓勵他用「s」開頭的字詞來對應「snail」(蝸牛),如「slippy」和「slidey」(滑溜溜)。

wild, wet, and windy waves 猖狂、潮濕、乘風的海浪

大海詩

請孩子用「wet」(潮濕)和「windy」(乘風)之類「w」開頭的字詞寫詩,做成波浪。

light of the silvery moon 銀月之光

月亮詩

請孩子用描述銀光的文字,把這
首詩寫成新月形。

快樂的兔子蹦蹦跳!
the happy rabbit hops!

動物詩

這可能與動物的動作有關,如蹦
蹦跳的兔子。

孩子決定好詩的主題後,唸主題相
關的其他詩作給他聽,給予他一點
靈感。然後協助他寫下他的發想,
研究如何將字詞化為主題的形象。

 # 世界各地的打招呼用語

　　前面曾經提及,蒙特梭利觀察到兒童似乎有吸收語言的能力,我也可以作證,許多指導過的雙語和三語兒童,輕輕鬆鬆就能切換語言。無論對兒童還是成人來說,介紹另一語言的最佳起點,正是簡單的打招呼。

所需物品

- 喜愛的玩具
- 地圖集或地球儀

> 向孩子介紹地圖集是不錯的主意,她可以先從中認識國家。

活動

1. 邀請孩子來玩打招呼遊戲。
2. 讓她把喜愛的玩具和地圖集帶來玩遊戲。
3. 向孩子說:「現在我們假裝要去……度假。」同時說出你們正在學習之語言的國家名稱。
4. 打開地圖集,把國家的位置指給孩子看。
5. 告訴孩子,她與心愛玩具現在要去那個國家度假,所以她需要知道如何打招呼。
6. 告訴孩子該國語言的打招呼用語,請她向玩具重複說一遍。

💡 活動延伸

⭐ 如果孩子在班上有朋友會說其他語言，請找出是什麼語言，
以及該語言如何打招呼。

⭐ 如果你們現在要去度假，請介紹當地打招呼的方式。你也
可以向孩子介紹顏色和食物的單字，學習當地歌謠。

30 字母填空

本活動的重點在於找到字詞的中間音，有些孩子會覺得很困難。在嘗試這項活動之前，孩子應對唸出 3 個和 4 個字母的自然拼讀字詞有相當信心，且可開始排列字母。

所需物品

- A4 紙
- 鉛筆
- 直尺

活動

1. 首先，在頁面下方 ⅔ 處畫一條水平線。
2. 在頁面底部，寫出兩欄 3 個字母的自然拼讀字詞 6 到 8 個（如需協助，請參見右頁關於自然拼讀的註釋）。
3. 在頁面上方，再次以大寫字母寫下每個單字，但這次將中間的字母留成空格。

4. 在每個字母周圍畫框，包括缺少字母的空格。

5. 邀請孩子一起來玩這項活動。請他把頁面下方的字詞唸過
一遍。

6. 解釋頁面上方的字詞是一樣的，但缺少中間音。

7. 向孩子示範，先大聲唸出第一個字，在上面找到它，然後
用鉛筆寫下缺少的字母。找到後把底部的單字劃掉。

8. 把鉛筆遞給孩子，請他完成剩下的單字。

- 你可以在網路上找到自然拼讀字
詞列表；這些字被稱為 CVC（子
音、母音、子音）字詞。
- 幼兒可以先從 5 個單字開始練習，
然後下次再增加數目。

💡 活動延伸

⭐ 將字詞長度從 3 個字母增至 4 個字母。

⭐ 擷取部分字詞的話，最好省略字尾聲，而非中間音。

⭐ 選用缺少相同字母，但在單字中處於不同位置的字詞。

感謝小語

　　過去擔任老師時，筆者會建議孩子們在每一天結束時，細數當日發生的至少 5 件事，表示感謝。此舉的目的在於讓孩子們意識到自己得到的一切，逐漸培養感恩之心。在這個活動中，撰寫感謝小語的行動有助於強化感激意識。請參見提示框的建議，更有助於孩子積極參與作業，從中獲得樂趣。

所需物品

- A5 筆記紙
- 信封
- 相機
- 鉛筆
- 直尺
- 回收廢紙
- 各式彩色筆或彩色鉛筆（任選）

活動

1. 與孩子談一談他收到的禮物，如生日禮物。
2. 為孩子和他的禮物拍照，然後列印出來。
3. 在回收廢紙上寫下孩子寫信可能需要的一些字詞，例如：親愛的、謝謝你、禮物等。
4. 在筆記紙上畫橫線，讓版面看起來像一封信。
5. 與孩子聊聊他想在紙條中說什麼。
6. 筆記紙下方留空白，貼上照片，請孩子在信封正面寫下收件人的名字。

> 帶孩子去文具店，讓他挑選筆記紙；在此過程中，他會對活動更有參與感。

活動延伸

★ 若是大一點的孩子，這是向他們示範如何寫信封地址的良好機會。

★ 隨著孩子長大，鼓勵他們開始使用描述性詞語來解釋為何喜歡收到的禮物。

# 子音混合音

　　一旦孩子有把握讀出全部的自然拼讀字母，就是介紹子音混合音的時候。子音混合音是結合 2 個以上的自然拼讀音所形成的新音，例如，「 t 」和「 h 」結合形成「 th 」。英語中的混合音處處可見，孩子學會且熟悉混合音之後，閱讀能力將提升到新的層次。我們一開始先介紹開頭為雙字母混合音的字詞。

所需物品

- A4 紙
- 鉛筆
- 直尺

- 約 5 公分的方形卡片
  2 張，任何顏色皆可

> 若是幼兒，一開始先寫 3 個字詞，最多 6 個。

活動

1. 紙上畫出 6 條約 8 公分的等距橫線。
2. 每一行前面留一點空間，一行行依序寫下：op、oe、ed、e、ell、eep。
3. 將紙、鉛筆和卡片放在桌子中央。邀請孩子參與，向他說道：「現在你已經學會所有字母音，接下來要學習的是，有時 2 個音放在一起，會變成新的音。」

4. 請孩子在一張卡片寫下大寫的「S」，且在另一張卡片寫下小寫的「h」。將 2 張卡片放在一起，然後說：「s 和 h 合在一起時會變成『sh』」。唸出音的同時，將手指放在嘴唇上，加以強調。

5. 把紙放在孩子面前，然後說：「我們現在要在每一組字母前面寫上『sh』音，形成『sh』開頭的字詞。」

6. 請孩子在每一組字母前面寫上「sh」，然後請她唸出完整的字詞。

💡 活動延伸

⭐ 將字詞長度從 3 個字母增至 4 個字母。

⭐ 擷取部分字詞的話，最好省略字尾聲，而非中間音。

⭐ 選用缺少相同字母，但在單字中處於不同位置的字詞。

 押韻字

　　押韻字是讓孩子理解語言如何建構的絕佳方式。你會觀察到，當孩子唸童謠時，他們能夠預測對應的押韻字。在本活動中，孩子將學會掌握押韻字的結構，然後以所選字詞建構詞組或句子。

所需物品

- A4 紙
- 鉛筆
- 直尺

	at
	at
	at
	at
C　　M　　R　　S	

活動

1. 將紙橫放，在頁面中間畫一條筆直橫線。
2. 在頁面上半部，等距畫約 5 公分的橫線 4 條。
3. 每一行留些空間，然後寫下「at」。
4. 在頁面下半部，寫下這些大寫字母：C、M、R、S，字母之間留有空格。

5. 邀請孩子來桌前，請她唸出頁面上方的字母。

6. 提醒她注意下方的字母。請她選一個字母，寫在第1個「at」前面，然後唸出完整字詞。請她以相同方式完成剩下的 3 個字詞。

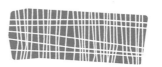

讓孩子在字詞下方畫圖，可能是有益學習的做法。

💡 活動延伸

⭐ 孩子有自信唸這 4 個字之後，請她想想看其他以「at」結尾的押韻字。她可以從此嘗試建構詞組或句子。

⭐ 使用其他母音重複此活動。

34 相反詞

　　語言中充滿了相反詞,例如:黑與白、寬與窄、軟與硬、上與下。對於孩子來說,相反詞是擴展詞彙的良好起點。一旦孩子掌握相反詞的概念,就可以進一步介紹更細微的區別,例如:hot(熱)、hotter(更熱)、hottest(最熱)。本活動運用的相反詞是「大與小」,不過,其他相反詞也大多適用。

所需物品

- 大大小小的物品 8 至 10 個
- 托盤
- 繩子 2 根,每根約 1 公尺長

　　若是幼兒,一開始先練習較少的物品,然後增至 10 個。

活動

1. 邀請孩子一起來玩一種叫做「相反詞」的活動。
2. 請他把所有東西都放到托盤上。
3. 請他將托盤置於自己的正前方中央，2條繩子各在托盤一側圍成圓圈。
4. 解釋他必須找到小物品，放在右邊的圓圈裡，大物品則放在左邊的圓圈裡。
5. 用兩三件物品示範，然後讓他完成活動。
6. 將物品放回托盤，然後讓孩子自行完成整個活動。

活動延伸

★ 孩子對大與小有概念之後，可以介紹其他形容的語詞，例如：tiny（微小）、small（細小）、enormous（巨大）、huge（龐大）等。

★ 你可以請孩子將小物品排序，從小排到最小，然後將大物品排序，從大排到最大。

★ 動作歌也是介紹相反詞的絕佳方式，例如：用兒歌《小蜘蛛爬水管》（Incy Wincy Spider）來介紹上與下。

數字真有趣

　　蒙特梭利觀察到，數學是抽象的概念，要讓孩子能夠理解，必須盡可能具體。本章的活動遵循這項原則；從具體實例開始，再逐漸走向抽象。父母經常會驚訝發現，孩子們竟然對數字如此興致勃勃。

　　孩子們將數學問題視如神奇魔咒，得知 2 + 2 = 4，而且答案永遠都是 4 的事實，他們感到無比心安。本章內容也有數字遊戲，孩子會樂在其中，甚至沒有意識到自己正在學習數學。

介詞

　　想想看在與孩子交談時，你多常用到介詞（on、under、with、by 等），例如：「你會看到外套在……旁邊（next to）的釘子上（on）。」介詞是孩子語彙的重要部分，本活動將以有趣的方式介紹介詞，讓孩子扮演「老師」的角色，她會非常樂在其中。介詞可用於語言或數學脈絡中，但在數學裡頭，最常用於描述空間距離。

所需物品

- 毛絨玩具
- 椅子或桌子

活動

1. 請孩子拿一個心愛的毛絨玩具。
2. 向她解釋你將示範一個新遊戲，在遊戲中，她必須非常仔細聆聽。

3. 請她把玩具放在椅子或桌子下面（under），然後再請她把玩具放在椅子或桌子上面（on top of）。

4. 繼續以這種方式介紹其他介詞，如：在……上方（above）、在……下方（below）、在……附近（near）、在……遠處（far）、在……旁邊（next to）、靠著（against）等。

5. 孩子對活動有自信之後，互換角色，由她指示你把玩具移到哪裡。

> · 幼兒進行本活動之前，請先在「跟我一起做」遊戲中引入介詞單字，他們必須在遊戲中複製你的動作；問她是否可以將雙手放在頭部上方（above）、放在膝蓋下方（below）等。

💡 **活動延伸**

⭐ 引入第 2 個玩具，然後請孩子比較哪一個玩具距離椅子或桌子較近，或者較遠。

 # 分門別類

這是需要將物品分門別類的簡單活動。孩子掌握到概念後，就可以進展到依顏色、形狀和大小來分類物品。

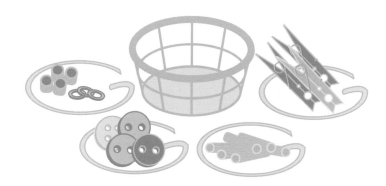

所需物品

- 小東西 4 組（如鉛筆、串珠、衣夾、鈕扣等）
- 裝東西的籃子或容器
- 繩子 4 根，每根約 50 公分

活動

1. 請孩子把籃子帶到地板上鋪有地毯的區域或大桌子上，然後坐在你的旁邊。把籃子放在孩子的前方，問他籃子裡有什麼東西。說明所有東西都混雜在一起，需要分門別類。
2. 拿起繩子，在籃子或容器外側圍成圓圈。每樣東西各取 1 個，逐一放入各個圓圈裡。
3. 請孩子把剩下的東西分門別類，放入繩子的圓圈裡。

學習 1 到 10

在蒙特梭利教育中，數字標尺用於教導孩子每個數字代表的數量。未來在〈活動延伸〉部分，將透過數字排序和識別「奇數數量」，再強化相關教學。請注意，語言會隨著活動進展而變化；這有助於孩子更進一步理解數量的概念。

1 2 3 4 5 6 7 8 9 10

所需物品

• 數字標尺
（請參見 P180 的學習單 ❺ ）

• A3 紙

• 大厚紙板

• 托盤

☺ 放大影印〈學習單 ❺ 〉到 A3 紙上。將區塊塗藍色和紅色，開頭第一行的區塊塗紅色，最長端的區塊塗藍色。第一道標尺有 1 個區塊，第二道有 2 個區塊（每種顏色各一個），第三道有 3 個區塊，依此類推。剪下標尺，貼在紙卡上，然後再如次頁所示剪下。

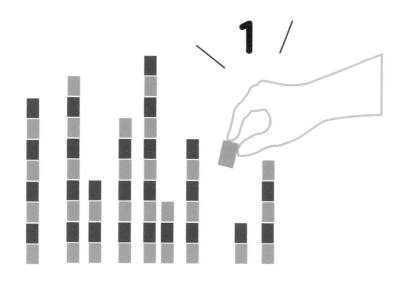

活動

1. 將前兩道數字標尺放到托盤上，請孩子將托盤端到桌上。

2. 拿起標尺1，置於孩子的前方。把食指放在上面說道：「這是1。」標尺2也重複相同步驟。請孩子複述你唸出來的數字。用這兩道標尺，再重複練習2次。

3. 把兩道標尺放在孩子面前，向她說：「你能指出1嗎？」敦促她把手指放在上面。2也如此重複。標尺位置互換，重複相同步驟，但說道：「請拿……給我看看。」重複練習第3回，但說道：「哪一個是……」

4. 把兩道標尺放在孩子面前，然後手指放在1上說道：「這是什麼？」她應會回答：「1。」現在把手指放在2上，然後問道：「這是什麼？」她應會回答：「2。」

5. 敦促孩子一邊數標尺，一邊說：「1、2。」

6. 標尺互換，再重複相同步驟2次。

- 確定孩子可以手指數字就大聲唸出來。
- 如果孩子記不得數字名，請返回較早的階段。

💡 活動延伸

⭐ 使用數字標尺教導 10 以下的數量。先介紹 3、4、5，再介紹 6、7、8，最後介紹 9、10。每次複習前一堂課教過的數字。

⭐ 孩子開始認識數量時，引入計算物品類別數量的活動（可使用前一活動的套組）。詢問孩子：「哪一組東西的數量最多？」、「哪一組東西的數量最少？」、「哪一組東西的數量與另一組相同？」

在蒙特梭利教育中，介紹 10 以上的數字時，使用 10 顆串珠的金色棒來表示 10 位數，以代表不同數字的彩色串珠來表示個位數。本活動複製此一想法，但將 10 位數棒的串珠穿到毛根上，個位數的串珠則是散裝。與前一數字活動相同，首先介紹數量，然後介紹數詞。

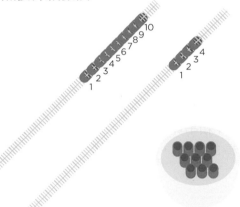

所需物品

- 毛根

- 容器（串珠用）

- 能夠套在毛根上的同一顏色串珠 10 顆

- 不同顏色的串珠或鈕扣 10 顆（表示個位數）

102

活動

1. 毛根放在桌子中間，串珠放在左手邊的容器裡。
2. 邀請孩子一起來玩，說明你們現在要開始探索大於 10 的數字。
3. 請他將同一顏色的 10 顆串珠穿到毛根上，然後放在桌子中央。說明這些串珠代表 10。
4. 現在請他大聲數出 10 到 15 之間的數字，藉以提醒數字順序。
5. 現在問他 10 後面的數字是什麼，希望他會回答 11。
6. 請他把 1 顆串珠放在桌上 10 位數棒的右側，然後解釋 10 加 1 等於 11。數字 12 到 15 也重複步驟 5 和 6，每次多放 1 顆串珠。練習完 15 後停止，下一堂課再練習數字 16 到 20。

> • 若是幼兒或較沒自信的孩子，請每堂課介紹 3 個新的數字，而且每次在介紹新數字之前，先複習之前練習過的數字。

 活動延伸

⭐ 一旦孩子對於用數量來表示數字 11 到 20 有信心，請向他介紹用數字卡來表示數詞（請參見 P106）。使用相同步驟，10 位數卡放在左側，個位數卡放在右側。

⭐ 數字 1 到 10 進行相同的排序活動（請參見 P106）。

39 東西排排站 數字繩

　　這個活動將強化 10 以下的數量概念。本活動需要收集許多小東西，建議你可以在「數」東西的時候，就讓孩子參與。找找看孩子心愛的東西，她會很開心把數字繩展示掛在自己的房間裡。

所需物品

- 透明大保鮮袋 10 個
- 衣夾 10 個
- 各式各樣的物品，以 1 到 10 的數量歸類，如 1 隻小泰迪熊、2 台玩具車、3 根羽毛、4 個貝殼等
- 拉開橫跨房間的長繩子
- 托盤

- 繩子掛在孩子看得見物品的高度。確保繩子不會成為障礙物。
- 使用大袋子，以便盛裝物品。

活動

1. 把所有物品、保鮮袋和衣夾放在托盤上。請孩子坐在她看得清楚的地方。

2. 告訴孩子,現在她要做一條從 1 到 10 的數字繩。

3. 請她將物品歸類,然後找到只有 1 件物品的類別,放入 1 個袋子。向孩子示範如何收捲袋子頂部,然後用衣夾封起來。把袋子放在桌面上。

4. 現在問她 1 後面的數字是什麼。(如果她不記得,給她 2 個東西來數,輔助喚起記憶。)

5. 請她找出有 2 個物品的類別,放入袋子夾起來。其餘數字也重複相同步驟,一直到 10。

6. 告訴孩子,現在她要把袋子展示在數字繩上。將袋子放回托盤上,請孩子把這些拿到預備好的繩子近處。請她找到裝有 1 件物品的袋子,把袋子遞給你,讓你掛到繩子左側。重複動作,直到所有袋裝物品都掛到繩子上,從 1 到 10 一字排開。

 # 加強數序感

　　這個遊戲有助於加強 0 到 10 的數詞與數序感，同時可以作為孩子在這方面的自信指標。此外，孩子也將練習使用「前」和「後」兩字詞。

所需物品

- 大張卡紙
- 黑色彩色筆
- 剪刀

☺ 在卡紙上寫下數詞 0 到 10，數詞之間留有間距，以便裁剪成方形卡。

0 1 2 3 4 5 6 7 8 9 10

☀ 若是幼兒，一開始數詞只練習到 5，後續階段再進展到 10。

活動

1. 在卡紙上寫下數詞 0 到 10，數詞之間留有間距，以便裁剪成方形卡。
2. 請孩子將數字卡拿到桌上。在孩子面前，將數字按照數序，從左到右排成一排。
3. 指向一個數字，請孩子告訴你這個數字是什麼？然後問她之前和之後的數字是什麼？
4. 重複多次，指向不同的數字，直到所有數字都練習過。你也可以問問題，例如：「8 和 10，哪個數字比較大？」或「3 和 4，哪個數字比較小？」

活動延伸

★ 孩子對數序有信心之後，重新再玩遊戲，但這次把前後的數字卡翻面，孩子無法直接參看。請孩子猜一猜，然後翻回來看對不對。

★ 將數字按照數序，從左到右排成一排。移除 3 個數字，將這 3 個數字翻面。請孩子翻開其中一個數字，找出它在數序中應該放在哪裡？以相同方式練習其他 2 個數字。等孩子更有信心之後，從數序移除更多的數字。

鹽盤上 摹寫數詞

　　蒙特梭利觀察到，7歲以下的孩子擁有高度敏銳的感官知覺，特別是觸覺。摹寫數詞活動正好利用這一點，方法是讓孩子練習用手指在鹽上書寫數詞。這個方法還有一個好處，就是孩子可以輕易抹去數詞，再試一次。

所需物品

- 烤盤（以 A4 大小最為理想）
- 淺底托盤
- 鹽
- 從 0 到 10 的數字卡 1組（請參見 P106）
- 托盤

活動

1. 將烤盤放在另一托盤之上，協助承接邊緣落下的鹽。烤盤鋪滿一層薄鹽。
2. 將托盤放在桌子中央，數字卡置於左側。

> • 若是幼兒，每次練習 2 到 3 個數詞，
> 確保下次開始時先做複習。

3. 邀請孩子到桌旁，説明
  他現在要練習在鹽上摹
  寫數詞形狀。
4. 邀請孩子從卡片中選一
  個數字，放在托盤上方。
5. 請他在鹽上摹寫選取的
  數詞。讓他練習摹寫數
  詞至少三遍。
6. 請他將數字卡收起來，
  選另一張摹寫。一次練
  習 3 到 5 個數詞。

 活動延伸

★ 孩子準備好時，可用相同方法加強練習兩位數。

更多的
數字排序遊戲

　　孩子的學習方式是一再重複，我發現到，少量而頻繁的練習是最佳方法。當然，學習數字排序也建議用這樣的方式。本活動遵循蒙特梭利模式，先運用骨牌組，從數量開始練習，熟練之後再換成數詞，然後結合兩者。

所需物品

• 骨牌 1 組

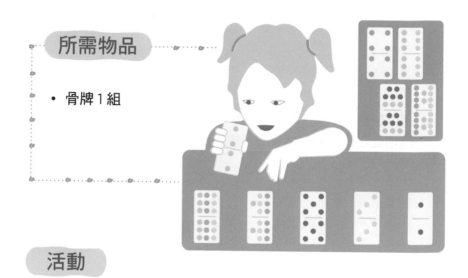

活動

1. 按照 1 到 10 的正確數字順序，將骨牌從左排到右。

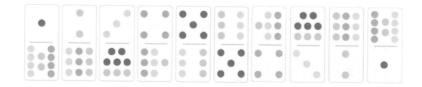

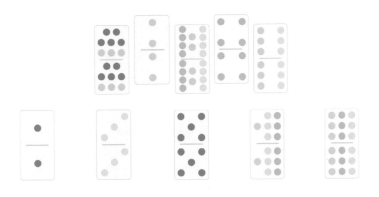

2. 現在移除 2 的倍數（2、4、6、8、10），將它們以隨機順序放在排序骨牌的左側。
3. 邀請孩子補上缺少的骨牌，完成排序。
4. 請她數點數，從1和3開始：她應該會發現少了 2。
5. 請她從左側骨牌中找出 2，放入數字序列。
6. 重複步驟 5，找到 4、6、8、10，直到序列完成。

> 若是幼兒，先練習 1 到 6 較短的排序，然後再練習 1 到 10。

活動延伸

★ 重新進行本活動，但這次用 3 的倍數 (3、6、9、12、15)，然後再重做一次，這次用隨機任意的數字。如果孩子對數字有信心，即可練習大於 10 的數字。

43 比……多、 比……少

　　大多數的孩子都理解「比……多」的概念，特別是食物方面。在數學領域，向孩子介紹「比……多」和「比……少」的概念，可為更複雜的加減法數學運算預做準備。本活動一開始只用數量比較，然後擴展到數詞比較。

所需物品

- 小東西10 至 20 個，如鈕扣、籌碼、衣夾等。
- 托盤或容器

活動

1. 將所有小東西放在托盤上或容器中，請孩子把它們帶到桌上。
2. 向他說明，你們現在要來思考「比……多」的概念。

3. 請孩子逐一數出某一數量的東西（讓他選一個少於 5 的數）。

4. 讓他選一個比所選數量更多的數（但少於 10），然後請他逐一數出該數量的東西。

5. 向他說明第 2 個數比第 1 個數多，例如：「你選了 3，然後再選 7，數量上 7 比 3 多。」

6. 清除物品，然後用不同的數字重複練習，但這次請他大聲說出：「我選了……」

7. 孩子確實理解「比……多」的概念之後，再介紹「比……少」；這次一開始先選一個多於 5 的數，然後再選少於 5 的數。

- 請選用 1 到 10 之間的數字，若是幼兒，請選用 1 到 6 之間的數字。
- 別試圖同時介紹「比……多」和「比……少」。

活動延伸

★ 用骨牌進行這個活動。

★ 孩子能夠以數量來理解此一概念之後，便可轉換成數詞，用數字繩或直尺來練習。

★ 使用其他字詞來描述，例如：「比……大」和「比……小」。

 # 排圖樣

　　辨識與建構圖樣的練習，得以為數學技能的發展（如：排序、較複雜的數字運算）奠定良好基礎。本活動可從配對 2 種形狀到 4 種形狀，也可以做顏色配對。

所需物品

- 色卡
- A4 紙
- 鉛筆
- 剪刀
- 口紅膠
- 直尺

活動

1. 用色卡剪出圓形、正方形、長方形和三角形。
2. 將 A4 紙直放面前，形狀色卡和口紅膠散放左側。在頁面上方畫一條約 18 公分的橫線，作為圖樣走向的指引。

3. 邀請孩子加入，說明她現在要用選取的 2 種形狀排圖樣。

4. 請她選 2 種不同的形狀，示範必須從橫線的起端開始排。

5. 請她排到橫線的末端，完成圖樣，然後將這些形狀黏貼紙上。

6. 在第一條線下方畫另一條線。請她選 2 種不同的形狀，以相同方式完成圖樣，這次不再做示範。若她願意，可以繼續完成第 3 個圖樣。在活動結束時，請她說說看她認為圖樣是什麼？

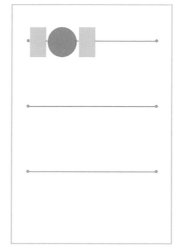

若是幼兒，請使用不同形狀串珠編成的項鍊，向他們展示什麼是圖樣。

· 你可以請孩子協助剪下各種形狀。

💡 **活動延伸**

⭐ 使用 3 或 4 個對比形狀排圖樣。

⭐ 使用不同形狀和顏色排圖樣。

⭐ 看看孩子是否能夠發現家中與外面的圖樣。

Part 1

找形狀

所有孩子都愛玩捉迷藏遊戲；本活動把形狀藏起來，孩子必須一一找出。活動從基本形狀著手，然後可以再擴充，引入更複雜的形狀。

 所需物品

- 色卡或色紙 4 張
- 鉛筆
- 直尺
- 剪刀

活動

1. 在色卡或色紙畫上各式各樣的形狀，如圓形、正方形和長方形。
2. 剪下形狀，把形狀藏在房間四處。
3. 邀請孩子找出藏起來的形狀，把它們拿來給你。
4. 每當孩子找到一個形狀，請他說出形狀的名稱，並且說明他如何辨識該形狀，例如，他應該說：「我找到一個三角形。我知道它是三角形，因為它有 3 個邊。」

💡 活動延伸

⭐ 孩子有信心找到圓形、正方形和長方形之後,可再引入多
邊形,如五邊形、六邊形和八邊形。

⭐ 每當孩子拿回一個形狀,請他描述:「我找到一個小小的
藍色六邊形,它有 6 個邊。」

⭐ 鼓勵孩子在家中與外面留意找形狀。

用形狀作畫

　　導孩子認識形狀與形狀的不同特性,可為他們的語言和數學能力發展奠定基礎。辨識不同的形狀,讓孩子懂得比較和分門別類,也有助於他們認識文字與數詞。

所需物品

- 不同顏色的色卡 20 張
- 剪刀
- A4 紙
- 口紅膠
- 直尺

活動

1. 首先,從色卡剪出各式各樣的形狀,包括圓形、三角形、正方形、長方形、菱形、五邊形和六邊形。
2. 把紙直向或橫向放在桌上,形狀色卡和口紅膠放在左側。

3. 邀請孩子試試看能否擺排形狀，作成一幅畫。
4. 讓他用這些形狀實驗一會兒，當他對擺排感到滿意時，可以一片片黏貼紙上。

幼兒可能會不知道作什麼畫，這裡有一些建議：魚、雨中的雨傘、羽毛呈三角形的鳥、一排花、房子。

 活動延伸

★ 孩子對本活動有信心時，建議他創作一幅包含圖樣（如花朵上的花瓣）的畫。

★ 本活動未來有助於孩子學會拼圖。

製作形狀

　　要讓孩子理解形狀的特性，有什麼方法比實際動手製作與建構形狀更好？從製作正方形的過程中，他們會學到正方形有等長的 4 個邊，從製作三角形的過程中，他們會學到三角形有 3 個邊。本活動的內容經過調整，所以無論是尚在學習認識形狀或已有自信的孩子，都可以進行這項活動。

所需物品

- 竹籤
- 黏土或紙黏土
- 托盤

活動

1. 將竹籤和黏土放在托盤上，請孩子拿到桌上。
2. 向孩子説明，現在她要開始用竹籤和黏土組成一些平面形狀。
3. 問她是否能夠想到什麼形狀有 3 個邊，當她回答「三角形」時，問她製作三角形需要幾根竹籤。

4. 她說「3 根」時，請她拿 3 根竹籤，在托盤上排出 1 個三角形。

5. 現在問她是否能夠用黏土小球連結三角形。

6. 重複步驟 3 到 5，但這次製作 1 個正方形，然後再度重複，製作 1 個長方形。

> • 竹籤的末端可能很尖銳，所以必須提醒孩子小心注意，千萬別拿竹籤靠近眼睛。
> • 幼兒在嘗試本活動時，務必密切監督。

活動延伸

⭐ 創作更複雜的形狀，如六邊形或五邊形。創作立體形狀，如金字塔。

⭐ 在大張紙條上一一寫下形狀的名稱。協助孩子讀出名稱，再將紙條放在她製作的形狀旁邊。

⭐ **繼續玩〈找形狀〉的遊戲**：將形狀名稱寫在大張紙條上，協助孩子讀出形狀名稱，然後看她是否能夠在房間內找到該形狀，再將名稱放在形狀上面。若是幼兒，只要請他們找出形狀即可。

 數字扇

數字扇很容易製作，是強化各種數學概念（從認識數詞、數字排序到比大小）的絕佳資源。

所需物品

- A4 白色卡紙 2 張
- 鉛筆
- 剪刀
- 從 1 到 10 的數字繩 或直尺
- 黑色彩色筆
- 單孔打孔機
- 鑰匙圈

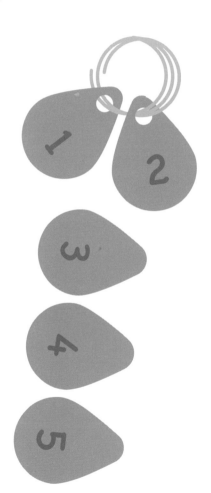

活動

1. 仿照最右側的插圖，在卡紙上畫一個 10 公分長的水滴形，剪下用來作為模板，另外再畫 9 個扇片。剪下其他所有扇片，這樣總共有 10 個。
2. 用數字繩作為引導，請孩子在每個扇片的最寬處寫下一個數字，從 0 開始寫，最後寫到 9。
3. 用黑色彩色筆描數字，然後在每個扇片的最窄處打一個孔。
4. 用鑰匙圈扣連所有扇片。
5. 遊戲一開始，請孩子尋找隨機數字。看看他能多快找到數字，然後舉起來。
6. 當他對找數字有信心時，請他尋找 2 個相鄰的數字，然後再尋找 2 個分開的數字，如 2 和 4。

注意數字不要寫得太小；你可以先做一個，作為字體大小的範例。

 活動延伸

★ 讓孩子做數字排序，從 0 排到 5，然後從 5 排到 9。
★ 你可以詢問數字比大小。

 # 為泰迪熊建一個家

　　本活動結合了比較長度、高度和體積的數學元素。在評估哪些材料適合房子的不同部位時，還牽涉到設計技術的元素。對孩子而言，她會很開心為泰迪熊製作一個家。為了建房子，本活動需要足夠大的場地。

所需物品

- 建築材料（例如，麥片盒或鞋盒、廚房紙巾、積木、果汁盒等）
- 托盤或容器
- 高度不超過 20 公分的毛絨玩具
- 紙（任選）
- 鉛筆（任選）
- 紙膠帶或萬用黏土（任選）
- 相機

活動

1. 集合所有建築材料，放在托盤或容器上。
2. 請孩子取一個喜愛的毛絨玩具。
3. 向她說明現在要為毛絨玩具建一個家，談論她希望這個家看起來如何：牆壁、窗戶、屋頂、門等。如有必要，她可以畫出家的樣子。

4. 敦促她一一查看建築材料，
   決定哪些材料用於房子的不
   同部位。
5. 請孩子用材料（必要時另用
   膠帶黏貼）建房子。完成之
   後，放入毛絨玩具拍照。

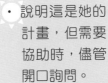

- 說明這是她的
  計畫，但需要
  協助時，儘管
  開口詢問。
- 給她充裕的時
  間仔細思考及
  說明想法。

💡 活動延伸

⭐ 試著請孩子在開始建造之前，先畫出她構想的泰迪熊之家
   的模樣。

⭐ 建造泰迪熊可能會拜訪的其他建築物或場所，如城堡、農
   場、公園等。

50 估量時間

　　你記不記得在小時候，一星期持續好久好久，而暑假就像永恆一樣！孩子們會覺得估量時間很困難。本活動在這方面很有幫助，方法是讓孩子比較 1 分鐘內能夠完成的各種活動。延伸活動依然持續這樣的概念，但時間再拉長。

所需物品

- 串珠
- 繩子
- 紙
- 鉛筆
- 手錶（附有秒針）
- 托盤

活動

1. 將串珠、繩子、紙、鉛筆和手錶放在托盤上，置於桌子的左側。
2. 邀請孩子到桌前，說明他現在要玩一個遊戲，看看他在 1 分鐘內能夠做什麼。
3. 拿起托盤中的手錶，請孩子注意秒針。說明經過 1 分鐘，秒針會繞錶面 1 圈。
4. 取起托盤中的串珠和繩子，然後計時看他在 1 分鐘內能夠穿多少顆串珠。
5. 看他在 1 分鐘內能夠用紙筆寫出多少數字或文字。
6. 最後，看他在 1 分鐘內能夠做幾次開合跳。

- 你可以替換為孩子有信心做的活動。
- 若是幼兒，可以考慮一開始先挑戰 2 分鐘。

活動延伸

★ 讓孩子觀察其他時間長度，例如：用廚房計時器測量烹調某些食物需要多久的時間？或者比較行走特定距離與使用其他交通工具各需要多長的時間？

51 什麼是時間？

　　介紹時間概念時，我會談談祖先們如何從季節轉換與晝夜變化中觀察到時間的流逝。我也會討論過去人們如何利用日晷和沙漏來測量時間，最後提醒孩子要善加管理時間，讓日常生活作息更順暢。

所需物品

- 大紙盤 2 個，其中之一較小一點
- 鉛筆
- 彩色筆
- 直尺
- A4 色卡紙
- 剪刀
- 樞軸銷
- 口紅膠

拿直尺上的數字給幼兒看，協助他們寫出時鐘上的數字。

活動

1. 請孩子在較小的紙盤上畫圖著色，只留紙盤邊緣不畫。
2. 利用直尺和鉛筆，在卡紙上畫 12 個大小相同的長方形，僅在卡紙下方預留一些空間。請孩子在每個長方形上寫入數字 1 到 12，然後剪下來。在剩下的卡紙上畫 2 個時鐘指針（長針和短針），請孩子剪下來。
3. 用直尺測量，標出繞鐘面擺放數字的等距位置。
4. 將較小的紙盤放在較大的紙盤之內側，標示將放置時鐘指針的中心點，然後用剪刀裁一個孔。
5. 將 2 個時鐘指針放在各個紙盤上，兩者裁穿一個孔。向孩子示範樞軸銷的作業方式，指導他組裝時鐘。檢查指針是否轉繞自由。
6. 請孩子將數字放在標記點上黏好。
7. 首先說明時鐘上的指針：較長的指針計算分鐘，較短的指針計算小時。然後對孩子説：「你早上幾點起床？」向他示範如何移動時鐘指針來顯示時間。

活動延伸

★ 再用一些其他時間，如他去上學或上床睡覺的時間，增強孩子撥出時鐘顯示的信心。

# 52 猜猜看裝滿要多少顆彈珠

對於孩子來說，猜測的概念很難掌握，但這裡以非常有趣又具體的方式加以介紹，讓孩子猜猜看裝滿各種容器的所需彈珠數量。

所需物品

- 不同尺寸的容器 3 到 5 個，最好是透明的，如：果醬罐
- 彈珠或其他小東西，如鈕扣（數量足以裝滿最大容器）
- 鉛筆
- 紙
- 托盤

活動

1. 將容器、彈珠、鉛筆和紙放在托盤上，全部拿到桌上。
2. 將容器放在中間排成一排，彈珠、紙和鉛筆放在左側。

- 若是幼兒，使用 2 到 3 個容器即可。
- 如果孩子在猜猜看的部分卡住了，可給他們建議，比如：「你認為會超過 20 個嗎？」

3. 邀請孩子加入，說明她現在要找出裝滿每個
   容器需要多少顆彈珠。
4. 請她選一個容器，然後請她猜猜看覺得需要
   多少顆彈珠才能裝滿容器。
5. 現在請她一邊數，一邊把彈珠放入容
   器，然後將答案記錄在紙上。
6. 將裝滿彈珠的容器清空，再用
   另一容器，重複步驟 4 和 5。
   如此持續反覆，直到所有容
   器都使用完畢。

 活動延伸

★ 重新進行本活動，但這次嘗試用更小或更大的東西裝滿容
   器。

★ 居家或出門在外，從一疊盤子的數量，到購物籃中的物品
   數量，都可以練習猜猜看。

53 猜猜看裝滿
要多少壺水

本活動進一步強化猜測的概念，但使用不是物品，而是液體。孩子也會應要求練習倒水的技巧，因為他必須小心翼翼地將水倒入容器，計算裝滿容器需要多少壺水。

所需物品

- 不同尺寸的透明
  容器 3 到 5 個，
  如：果醬罐
- 小水壺
- 大水壺
- 鉛筆
- 紙
- 托盤

活動

1. 將容器、小水壺、大水壺、
   鉛筆和紙放在托盤上，然
   後拿到桌上。

2. 將容器放在托盤中間排成一排，大小水壺放在下方。取起紙和鉛筆，放在托盤的左側。

3. 邀請孩子加入，說明他現在先用猜的，然後用數的，找出裝滿每個容器需要多少壺水。

4. 請他選一個容器，從一整排中取出，放在小水壺旁邊，然後請他猜猜看覺得需要多少壺水才能裝滿容器。

5. 現在，請他將水倒入小水壺中，然後再倒入容器。持續重複動作，直到容器裝滿，並且把裝滿需要多少壺水記錄在紙上。

6. 將裝滿水的容器清空，把水倒回大水壺，再用另一容器，重複步驟 4 和 5。如此持續反覆，直到所有容器都使用完畢。

> 你可以添加食用色素，輔助孩子看水線看得更清楚。

活動延伸

★ 使用不同尺寸的容器與不同尺寸的水壺，重新進行本活動。

★ 這是介紹與示範「全滿」、「空」、「半滿」和「¼ 滿」等用詞的良好機會。請孩子將染色水倒入標有「全滿」、「半滿」等級別的透明容器中。

結合數量與數詞

　　數字標尺和數字卡一起運用，能夠輔助孩子結合對於數量與數詞 1 到 10 的理解。數字標尺有視覺工具的作用，它可以用來計數，建立卡片數字與代表數量之間的關係。

所需物品

- 數字卡（請參見 P106）
- 數字標尺（請參見 P98 ～ 101 及學習單 ❺ 請參見 P180）

- 托盤

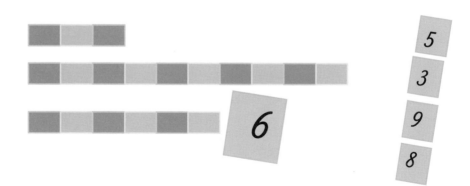

活動

1. 將數字卡和數字標尺放在托盤上，請孩子拿到桌上。數字標尺以任意順序橫放孩子面前，數字卡則以任意順序放在右側。
2. 詢問孩子：「你可以找到標尺 4 嗎？」孩子必須一一數標尺，直到找到正確的標尺。
3. 現在說：「你可以找到 4 怎麼寫嗎？」孩子找到卡片「4」時，請她放在標尺 4 的末端。
4. 選另一個數字，按照相同步驟操作。繼續直到所有數字卡都放在相應數量（標尺）的旁邊。

- 趁機帶入請孩子找數字的其他方法，這有助於增進語言和數學技能。例如，使用以下語句：「請幫我找出……」或「這個……是什麼？」

活動延伸

★ 孩子學會配對數字標尺和數字卡之後，向她示範如何依數序排列兩者。先從標尺開始，將標尺從最短排到最長，搭建成階梯形。完成之後，向孩子示範如何將數字卡與標尺配對，只要示範 1 和 2 即可，然後邀請她完成配對。

 建立數字系列

　　建立數字系列可以強化計算能力，以及正確配對數量與數詞的能力。將籌碼放在數字卡下方，也能介紹奇數和偶數的概念。

所需物品

- 數字卡（請參見 P106）
- 籌碼、鈕扣、串珠或硬幣 55 個
- 盛放籌碼的容器
- 前一活動的數字標尺
- 直尺

活動

1. 請孩子將盛有籌碼的容器拿到桌上，你拿數字卡。請孩子在容器前方坐下。數字卡打亂混放，置於容器的右上方。
2. 請孩子找出數字「1」，將卡片放在容器的左上方。然後問她卡片下面要放幾個籌碼。請她將籌碼放在數字下面。
3. 問孩子 1 接下來是什麼。敦促她找出數字卡「2」，然後下面放 2 個籌碼，並排放置。

4. 數字「3」或「4」也按照相同步驟，然後請孩子自行繼續
進行到數字「10」。關於籌碼的放置，給她一些指引；「偶
數」的籌碼應為兩列並排，而「奇數」的籌碼應有多一個
籌碼置於左排。

5. 如果孩子弄錯數字順序，等她完成活動後，再請她比對自
己的數字與直尺。

 活動延伸

⭐ 孩子能夠獨立作業本活動時，以手指向籌碼，問她是否注
意到任何相似之處。說明能夠放置成對的數字，如 2、4、6，
稱為「偶數」，同時說明未成對的數字，如 1、3、5，稱為
「奇數」。

⭐ 為強化奇數與偶數的概念，以與籌碼相同的模式放置 4 個
小東西。請孩子數一數物品數。詢問 3 或 4 是否為奇數或
偶數？若她不確定，提醒她規則為偶數總是「成對」，而
奇數總是剩下 1 個。

 # 製作數學活動用瓢蟲卡

孩子們喜愛昆蟲,特別容易被具鮮明色斑的瓢蟲吸引。在本活動中,孩子將會製作數字 1 到 10 的瓢蟲卡,可用於各式各樣的數學活動。

所需物品

- A5 白色卡紙 10 張
- 鉛筆
- 瓢蟲圖片
- 畫筆
- 紅色廣告顏料
- 直尺
- 硬幣
- 黑色彩色筆

活動

1. 首先在每張卡紙畫上瓢蟲的外形。
2. 向孩子說明他現在要製作瓢蟲卡，邀請他將所有的瓢蟲塗成紅色，等顏料乾。
3. 在每隻瓢蟲的身體中間，用直尺畫一條鉛筆線，劃分頭尾。
4. 沿硬幣外緣畫成斑點，每隻瓢蟲添加的斑點數從 1 到 10；偶數在中線兩側的斑點成對，奇數配對後剩一個在下方。
5. 請孩子用彩色筆將瓢蟲的斑點和頭尾著色。運用直尺，以彩色筆描畫中線。
6. 用鉛筆畫出瓢蟲的腳，請孩子再以彩色筆描畫。

- 確定以卡紙滿版來畫瓢蟲。
- 檢查所使用的硬幣是否夠小，足以讓最後一隻瓢蟲畫得下 10 個斑點。
- 你可以製作方便繪製的瓢蟲模板。

活動延伸

⭐ **瓢蟲卡可用於排序和計數活動：**如將數詞與斑點配對，亦可用於許多加法活動。

⭐ 製作一套數字達 20 的瓢蟲卡（在此情況下，使用 A4 卡紙）。

⭐ 畫泰迪熊取代瓢蟲，以鈕扣代替斑點。

奇數和偶數

在這個經典的蒙特梭利活動中，孩子會注意到偶數總是成對出現而奇數總是剩下一個，從而學會區分奇數和偶數。本活動使用源自活動 **56** 〈製作數學活動用瓢蟲卡〉的卡片，但若未製作瓢蟲卡，則以籌碼或硬幣替代。

所需物品

- 瓢蟲卡 1 套（請參見 P138）
- 籌碼或硬幣 55 個

> ・ 若是幼兒，只從數字 1 到 5 開始即可。
> ・ 如果孩子辨識圖樣有困難，請以手指指出未成對的奇數斑點。

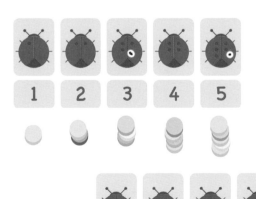

活動

1. 將瓢蟲卡放在桌子中央。
2. 請孩子來到桌旁，說明她現在要探索奇數和偶數。
3. 請她依正確順序將瓢蟲卡從左排到右。
4. 從數字 1 開始，請她放一個籌碼在斑點上，剩下的卡片重複相同步驟。
5. 請她比較斑點的圖樣，例如，比較 5 和 6、比較 9 和 10。她應該會觀察到，在 6 和 10 的卡片上，所有斑點都成對，而在 5 和 9 的卡片上，有一個斑點不成對。
6. 向她說明，2、4、6、8、10 總是成對出現，所以稱為偶數，而 1、3、5、7、9 總是剩下一個，所以稱為奇數。

 活動延伸

★ 寫下「奇數」和「偶數」詞語，放在相應的瓢蟲卡下方。
★ 孩子可以將數詞放在斑點數量正確的瓢蟲卡下方。
★ 與孩子一起查看一套骨牌或骰子，看她能否識別哪些是奇數，哪些是偶數。

58 杯子和籌碼

用杯子和籌碼計數，是強化數詞與相應數量連結的另一種視覺方法。活動包含一個空的容器，則是強調 0 的概念。

所需物品

- 籌碼、鈕扣、串珠或硬幣 45 個
- 杯子或小容器 10 個
- 約 50 公分長的紙條

- 黑色彩色筆
- 盛放籌碼的淺底容器

☺ ┈┈┈┈┈>

在長長的紙條上寫下數字 0 到 9，間隔均勻。將籌碼放入容器，再將所有東西放到托盤上。

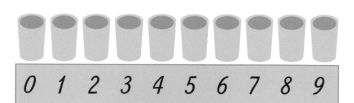

0 1 2 3 4 5 6 7 8 9

活動

1. 請孩子將托盤端到桌上，然後坐在他看得清楚的地方。將裝有籌碼的容器放在他的面前，數字條放在容器後面，然後杯子再排放在紙條後面。

2. 以手指數字條，請孩子唸出上面的數字。然後回到數字「0」，告訴他這唸作「零」。說明它的意思是「沒有東西」，所以杯子裡不放任何籌碼。

3. 以手指「1」，請孩子將該數量的籌碼放在上方的杯子裡。

4. 以手指「2」，重複相同的指示。「3」和「4」也重複相同步驟。孩子願意的話，繼續進行到「9」。

5. 如果發現他放入杯子錯誤的籌碼數，別在當下試圖糾正。等完成活動後，向他說：「我們來檢查一下杯子裡的籌碼數是否正確。」在你們一起數籌碼的過程中，讓他自己發現先前計算有誤。

● 本活動使用 45 個籌碼，正是孩子能夠計算到 9 的所需數量。如果最後太少或太多，就是需要檢查杯子的提示。

💡 活動延伸

★ 回到 P104 ～ P105 的活動 39 〈東西排排站數字繩〉。拿另一個袋子與其他袋子相配，把它放在數字繩上的袋子「1」之前，向孩子說明它代表 0。問他是否記得 0 是什麼意思？他應會回答：「沒有東西」，然後問他是否需要放入袋子任何東西。如果他記不得，可以給他提示，比如提醒他 0 出現在 1 之前。

 將數詞
加到物品上

現在孩子已經學會從 0 到 10 的數量與數詞，你們可以將數詞加到先前創作的活動 ❸❾〈東西排排站數字繩〉上（請參見 P104 ～ P105）。

所需物品

- 數字卡（請參見 P106）
- 黑色彩色筆
- 彩色筆或彩色鉛筆

 用筆畫出每個數字的輪廓，孩子在裡頭著色後，形成大字體的數詞。

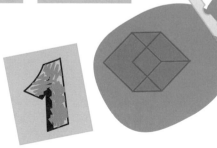

活動

1. 請孩子為數詞著色。她完成之後,向她說明這些數字要放在之前製作的「東西排排站數字繩」上。

2. 將數字卡以隨機順序擺在物品數字繩下方。用手指向第 1 個袋子,問孩子裡頭是否有任何東西。她應該會回答:「有。」你再回問:「哪個數字與袋子裡頭的東西數目相同?」以手指向地板上的數詞,這時她應該會挑出「1」。協助她將數字卡夾在第 1 個袋子上。

3. 以手指向裡頭有 1 個東西的袋子,然後問她:「這個袋子裡有多少東西?」請她找到數字「1」,協助她加到數字繩上。持續相同步驟,直到完成「10」。

• 如果孩子不記得下一個數目量,可將袋子從數字繩取下,請她數數看裡頭的東西數量。

活動延伸

★ 活動 56 〈製作數學活動用瓢蟲卡〉(請參見 P138)。請孩子為瓢蟲著色,與她一起加上從 0 到 10 的斑點。完成之後,將它們掛在橫跨房間的繩子上。這是需要花時間的愉快活動,可以分散一個星期進行。

10 以下的加法

現在孩子已經學會從 0 到 10 的數量與數詞，你可以向她
介紹加法。本活動遵循與其他數字活動相同的模式，一開始
只從數量概念來認識加法，然後再帶入所需的數詞與符號。

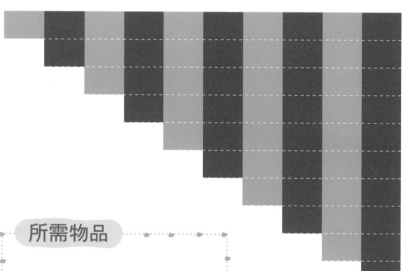

所需物品

- 數字標尺（請參見 P180
  的學習單 ❺ ）
- 托盤

活動

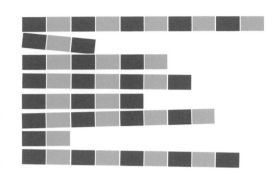

1. 請孩子將放有數字標尺的托盤端到桌上。數字標尺以隨機順序放在她的面前。請她把數字標尺搭建成階梯。

2. 你說：「我現在要示範給你看，如何使用數字標尺來做加法。」請孩子找到標尺 1，放在階梯下方。然後請她找到數字標尺 4，放在標尺 1 的旁邊。請選擇少於 5 的數字，計算較為容易。

3. 請她一節節計數合併的標尺，看有多少節。確保孩子用手指仔細數每一節數字標尺。當她回答「5」時，向她說明：「1 加 4 等於 5。」你一邊說，一邊以手指向個別數字標尺。

4. 請孩子放回標尺，然後再做幾次加法運算。記得使用較小的數目。

5. 孩子理解活動目標之後，告訴她現在可以自行加總。請她選 2 個數字，然後請她告訴你總和。例如，「5 加 3 等於……」。你可能需要向她解釋「加」和「等於」兩字詞。

6. 完成活動後，回顧一步步讓她得到答案的過程。提醒她最後加總的數字，總是一定大於最初計算的 2 個數字。

使用數詞的加法

孩子熟練做數量加法的概念（使用數字標尺）之後，可以引入數詞，使用先前活動的數字卡來建構運算式。孩子更加進步之後，再介紹紙上加總筆算（參見〈活動延伸〉）。

所需物品

- 數字卡（請參見 P106）
- 數字標尺（請參見 P180 的學習單 ❺）

- 卡紙
- 黑色彩色筆

😊 ·········>
在卡紙上畫一個等號（＝）和一個加號（＋），然後剪成與數字卡相同的尺寸。

活動

1. 按順序排列數字卡和數字標尺。請孩子選取一個數字標尺，放在面前桌上。
2. 請孩子找到對應的數字卡，放在數字標尺的下方。將「＋」卡放在所選數字卡的旁邊，說明它表示「加」的意思。
3. 請孩子選取另一個數字標尺和數字卡，放在加號之後。將「＝」卡放在第 2 個數字之後，說明它是「等於」的符號。
4. 問孩子接下來要做什麼，他應該會告訴你：「數一數」或「把它們加起來」。必要時，協助他用數字標尺算出答案。
5. 他算出答案之後，把答案放在等號的旁邊。與孩子一起多做幾次運算，直到他準備好自己列算式。

活動延伸

★ 孩子對數字卡有信心時，請介紹紙上加總筆算。最後，他也可能喜歡自己列算式。

10 以下的減法

通常孩子們覺得減法的概念比加法更容易掌握。例如,他們往往都能理解,如果你有 6 顆蘋果,給其他人 3 顆,就剩下 3 顆蘋果。你可能會想在上一個活動之前,就先嘗試本活動。由於孩子已經熟悉記錄加法運算式,所以在本活動中,數量與數詞兩者同時帶入。

所需物品

- 數字標尺(請參見 P180 的學習單 ❺)
- 白紙
- 鉛筆

活動

1. 請孩子將數字標尺拿到桌上,然後坐在你的左側。請她將數字標尺搭建成階梯,下方留有空間。
2. 取出 2 道標尺,把它們放在一起。請孩子計算節數,找出總數。移除較小的數字標尺節數,請孩子數一數剩下的節數。以同樣的方式再做 2 次運算,讓孩子了解涉及的過程。

3. 第 4 次運算完成之後，重複相同步驟，但追加一些問題，
   例如：「我們一開始是多少？」、「然後拿走多少？」、
   「我們剩下多少？」最後做總結，例如：「所以 5 拿走 3，
   剩下 2。」

4. 向孩子示範如何將運算記錄紙上，同時說明我們如何寫運
   算式。以同樣的方式再做 2 次運算，由你為孩子記錄。

5. 孩子準備好記錄運算時，請她每個步驟邊做邊記錄，否則
   容易忘記一開始的數字，以及她「拿走」的數字。

💡 活動延伸

⭐ 在日常生活中向孩子示範加法和減法。例如，用水果、積
   木、玩具等說明示範。

數字歌和順口溜

數字歌和順口溜是強化數字與數目概念的絕佳方式,其押韻元素和動作有輔助記憶的作用,很適合教授任何年齡的孩子。

有次我活捉一條魚

(Once I Caught A Fish Alive)
這首歌可以加強數序感和數數,
請一邊唸一邊用手指數數。

1、2、3、4、5,
有次我活捉一條魚,
6、7、8、9、10;
然後我又再放牠走。
為什麼你要放牠走?
因為牠咬了我的手指頭。
牠咬了哪隻手指頭?
我右手上的小指頭。

1、2,扣好鞋

(One, Two, Buckle My Shoe)
這首歌也按照數序數數。你可以用手指數數,並且加一些動作。

1、2,扣好鞋,
3、4,敲敲門,
5、6,撿棍子,
7、8,擺擺平,
9、10,一隻胖母雞。

10 顆葡萄乾餐包

（Ten Currant Buns）
孩子們真的很喜歡表演這首歌，一個人當
店長，另一個人來買餐包。你也可以準備
真的餐包或餅乾，還有一些硬幣。

10 顆葡萄乾餐包在麵包店，
又澎又圓，還有一粒櫻桃在上面，
有一天，〔孩子的名字〕跑來店裡，
身上帶著一分錢，
〔他／她〕買了一顆葡萄乾餐包，
然後立刻帶出店。
9 顆葡萄乾小餐包……

10 根胖香腸

（Ten Fat Sausages）

我教過的孩子都相當喜愛這首歌。這首歌還用到減法和雙數倒數。在唱到「啪」（pop）的時候，可以用食指在嘴中弄出砰的聲音；唱到「砰」（bang）的時候，則拍一下雙手。

10 根胖香腸在平底鍋裡滋滋響。

一根啪得炸開，另外一根砰得炸開。

8 根胖香腸在平底鍋裡滋滋響。

一根啪得炸開，另外一根砰得炸開。

6 根胖香腸在平底鍋裡滋滋響……

10 個綠瓶子

（Ten Green Bottles）
你可以用塑膠瓶來做動作，或者修改歌詞，改用泰迪熊或其他合適的物品。

10 個綠瓶子掛牆上，
10 個綠瓶子掛牆上，
如果 1 個綠瓶子突然掉地上，
只剩 9 個綠瓶子掛牆上。

64 披薩遊戲

所有小孩都愛吃披薩和玩黏土。本活動結合了兩者，藉由打造自己的披薩店，孩子們可以在這個框架下，充分發揮想像力，練習角色扮演的構想。本活動最適合多個孩子一起玩。

所需物品

- 黏土
- 每個孩子 A4 紙 1 張，外加 A4 紙 4 張
- 彩色筆
- 舊披薩盒
- 口紅膠
- 作業與披薩店區域的防護布 2 塊
- 每個孩子圍裙 1 條
- 如有可能，每個孩子給予兒童規格擀麵棍 1 支（若無擀麵棍，可用塑膠杯之類的東西）
- 塑膠刀
- 紙盤

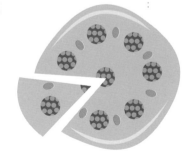

披薩菜單

瑪格麗特

夏威夷

美式臘腸

四味起司

活動

1. 從準備製作披薩的黏土開始。
   （你可能會想使用不同顏色
   的黏土來製作披薩麵糰和餡
   料。）
2. 向孩子說明現在他們要開設自
   己的披薩店。
3. 為披薩店寫下招牌和標籤。標
   籤貼在披薩盒上，招牌放在作
   業區。
4. 在紙上寫下菜單，提供 4 種
   口味的披薩。告訴孩子有哪些
   選擇。

- 活動結束後，檢查孩子的鞋底。黏土很容易黏在鞋底上。
- 提醒孩子，黏土絕對不能拿來吃。

5. 將防護布放在作業區上。請孩子穿上圍裙，協助你擺設黏土和工具。

6. 將另一塊防護布放在另一張桌子上，請孩子協助數出顧客紙盤的正確數目。

7. 若有多名孩子，將他們分成 2 組——披薩師傅和顧客。（過一段時間後可以交換。）不然，說服有空的大人全部來當顧客。

8. 請披薩師傅先接受顧客訂單。協助他們在披薩菜單上所選披薩的旁邊註記，這樣就能計算一共需要多少個披薩。

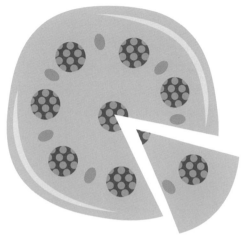

9. 請孩子們製作披薩，
   完成之後，將披薩餅
   放入盒中，然後交給
   顧客。

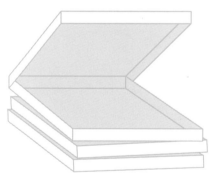

10. 每個人都有機會做披薩
    後，關上披薩店，請大
    家幫忙清理。黏土可以
    存回袋子，放入冰箱，
    待下次使用。

💡 活動延伸

★ 孩子玩過這個活動之後，你可能會想調整設定，變化遊戲。
  例如，披薩店可以用茶館替代，孩子可以為所有顧客製作
  小小的杯子蛋糕。

65 骰子加法

　　點數越大越好的骰子，正是各種數學活動的寶貴資源。由於骰子點數的總和可達 12，建議本活動可與活動 38〈介紹大於 10 的數字〉一起介紹（請參見 P102）。與往常一樣，本活動一開始只使用數量，然後延伸納入加號、減號和數字卡。

所需物品

- 骰子 1 對（愈大愈好）
- 數字卡 1 到 12
- 托盤
- 加號 1 個和等號 1 個，
  各寫在小卡片或紙上

活動

1. 將骰子和卡片放在托盤上，請孩子端到你選擇的作業區。
   （通常我在地板上介紹這個活動。）請她從托盤取出骰子，
   放在作業區的中央。

2. 讓孩子坐在你的左側，向她説明現在要用骰子來做加法。

3. 擲一個骰子，然後擲另一個骰子，大聲數出 2 個骰子上的點數，進行加總。依次手指骰子，説明你如何做加法，例如：「我擲出一個 4，然後一個 2，加起來就是 6。」

4. 把骰子遞給孩子，邀請她試試看。重複至少 3 次，直到她對活動有信心。

5. 引入加號和等號，告訴孩子現在你要把它們放入加法。重複步驟 3，但改説：「4 加」，插入加號，「2 等於」，插入等號，「6」，放入數字卡 6。

6. 邀請她嘗試使用加號、減號和數字卡。至少再重複 2 次，直到她確知遊戲步驟。

> 若是幼兒，可以只先執行步驟 1 至 4，步驟 5 至 6 留待下一次進行。

活動延伸

★ 一旦孩子對本活動有信心，可以嘗試在白板或紙上記錄運算式。

變成 2 倍

認識如何將數目變成 2 倍，是孩子未來學習乘法的絕佳準備。本活動一開始用物品數量來加倍，然後可以延伸到使用數詞。

- 小籌碼 30 個，如鈕扣或串珠
- 容器

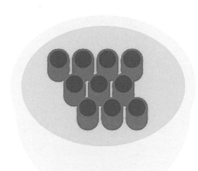

活動

1. 將籌碼放入容器，放在桌子的左側。
2. 邀請孩子來玩〈變成 2 倍〉。
3. 請孩子將 2 個籌碼橫向排在桌子左側。

4. 告訴孩子現在你們要把數目變成 2 倍。

5. 請他將 2 個籌碼橫向排在桌子右側，然後下面再添加 2 個
籌碼，形成一個正方形。請他數籌碼，説出：「4」。

6. 重複步驟 4 和 5，每次多加 2 個籌碼，一直到 10。回顧
遊戲，請他大聲説出 「2」、「4」、「6」、「8」、「10」，
同時以手指向正確的籌碼組。

- 若是幼兒，一開始只先練習到 6，
之後再作業到 10。
- 籌碼之間留空間，讓孩子能夠清
楚看見每個數目的數量。

活動延伸

★ 孩子對數量有信心時，請在每個數量的籌碼下方添加數詞，
然後大聲說出運算，比如：「我們有 2 個籌碼，再加上 2 個，
變成 4 個。」然後請孩子選取正確的數詞，放在 4 個籌碼
下面。

★ 可以試試看計算變成 3 倍。

★ 孩子到 10 都有自信時，再嘗試更高倍數。

67 用非標準單位測量

　　這是讓孩子了解測量概念的絕佳活動，他們將會用手來量東西。我在介紹本活動時，往往搭配一段討論，究竟在沒有尺的時代，人們用什麼來測量。可能還會提到，小馬和馬匹的高度，至今依然用雙手測量。本活動結束時，孩子應該會理解為何我們轉換成標準測量單位。

所需物品

- 紙
- 鉛筆
- 中大型物體 6 到 8 個，如桌面、椅子、書本、廚房設備、水槽等。

活動

1. 邀請孩子加入，說明他現在要做一些測量，但不是用尺測量，而是用身體部位。請他猜猜看是哪一部位。

2. 在紙上左欄寫
   下要測量的物
   體。他可以幫
   你寫。
3. 向他示範如何測
   量，讓指尖和另一
   隻手的底部之間沒有
   間隙。
4. 你自己測量第 1 樣東西，在他自己測量
   之前，問他認為他所需要的手掌數比你
   多或少。請他測量看看是否正確。
5. 在紙上記錄第 1 樣東西測得的手掌數。
6. 讓他繼續測量和記錄其餘物體。

若是幼兒，一開始只測量
4 到 6 樣東西即可。

活動延伸

★ 用腳測量物體。

68 數學相反詞（大與小

在孩子理解數學概念的發展過程中，伴隨的是數學詞彙的發展。數學相反詞的描述尤其如此。接下來有 3 個活動探索數學的相反詞。首先，我們來比較東西的大小。

> ## 所需物品
>
> - 小東西 4 到 5 個（如鈕扣、鉛筆、硬幣等）
> - 大東西 4 到 5 個（如罐子、瓶子、罐頭等）
> - 托盤

活動

1. 將所有物品放在托盤上，然後端到桌上。將托盤放在桌子的左側。
2. 邀請孩子加入，告訴她現在要用比較的方式來調查東西的大小。
3. 請她將所有物品按任意順序在最上面排成一排。
4. 向她說明活動目標是把一個大東西和一個小東西配對。接著進行示範，選取一個大東西和一個小東西，把它們並排放在物品列下方中央，較大的東西放在左側。
5. 讓孩子接續活動，選取另一組配對，提醒她將較大的東西放在左側，較小的東西放在右側。
6. 繼續進行活動，直到所有東西都完成配對。

- 若是幼兒，一開始各尺寸只用 3 個即可。
- 確保物品之間的尺寸差異大。

活動延伸

⭐ 比較 3 樣東西，大、較大、最大和小、較小、最小。

⭐ 按照尺寸，將東西從最大排到最小。

69 數學相反詞 (長與短

在日常生活中,我們經常面臨比較長度的要求;藉由尋找藏起來的繩子,以孩子自己的繩子為比較標誌來做比較,本活動指導孩子如何比長短。孩子對活動感到有自信之後,就能繼續將繩子從最長排到最短,然後向他介紹直尺的使用。

所需物品

- 繩球或毛線球
- 剪刀
- 直尺
- 萬用黏土或紙膠帶
  (任選)

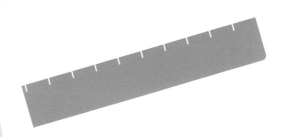

活動

1. 剪一條 30 公分的繩子,然後再剪 4 條較長和 4 條較短的繩子。

2. 將 8 條較長和較短的繩子藏在房間四周，其中有一些可以拉長後用膠帶貼在牆壁或架子等平面上。

3. 邀請孩子來尋找藏在房間四周的繩子。

4. 給他一條 30 公分的繩子，作為比較的度量工具。當他找到一條繩子，需比較一下究竟比他手上的繩子長或短。

用孩子的繩子，以及另一條較短或較長的繩子，向孩子示範如何比較長度，正確方式是確保繩子的兩端同在一側對齊。

💡 活動延伸

⭐ 繩子排序：孩子找到所有的繩子之後，請他拿到桌上，依序從最長排到最短。

⭐ 本活動是介紹直尺使用的絕佳機會，孩子有信心之後，使用直尺進行本活動。

70 數學相反詞（重與輕

我們在比較長度時，可以相信眼睛能正確判斷，但這不適用於比較重量。在本活動中，孩子會發現通常物品重量不是取決於大小，而是物品的原材質。

所需物品

- 不同大小與重量的物品 6 到 8 個
- 托盤

活動

1. 將重量有差距的物品成對放在托盤上，托盤放在桌子的左側。
2. 邀請孩子加入，看她是否能夠知道每對物品中哪一個比較重。
3. 邀請她選取第 1 組物品，問她認為兩者之中哪一個比較重。

4. 其他組物品重複作業。

5. 重新再做這個活動，但這次讓她一手拿一個物品來比重量。

6. 她應該會發現重量並非總是取決於大小，而是物品的原材質。

- 若是幼兒，只要進行步驟 1 至 4 即可，然後再進展到步驟 5 至 6。
- 選用體積大但重量輕的物品，反之亦然。

活動延伸

★ 將物品從最重排到最輕。

★ **本活動開啟全新的探索**：什麼材質比較重、什麼比較輕？什麼最適合某些類型的工作。此一探索的完美故事正是《三隻小豬》。

 # 包禮物

每個孩子都喜歡收到禮物,而我發現他們也喜歡包禮物的挑戰。本活動結合多項數學技能,從學習判斷包裹物品的正確紙張尺寸開始,延伸到學習剪裁正確的紙張尺寸。

所需物品

- 盒子(或其他立體物品,如書本)
- 不同尺寸的包裝紙、紙巾或縐紋紙 3 張(參見右頁提示)
- 膠帶(最好在膠帶台上)
- 剪刀(任選,如果沒有膠帶台的話)
- 托盤

活動

1. 將所有物品放在托盤上,請孩子拿到地板或桌上。
2. 將盒子放在作業區的中央,3 張紙在上面排成一排,其他物品放在孩子座位的左側。
3. 向孩子說明現在他要挑戰包裝盒子,請他選擇最適合包覆盒子的紙。
4. 請他試紙,看他認為哪一張大小最合適。

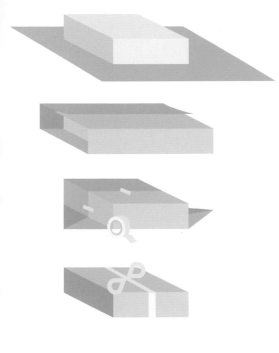

5. 他選好大小最合適的紙之後，向他示範如何將盒子置中，用紙稍微重疊包起來。說明現在要用膠帶黏牢，然後讓他試試看。

6. 移到兩端，示範如何將每一邊折成三角形，彎折邊端後用膠帶固定。引導他一步步包折另一端。

> • 若是幼兒，只提供 2 張紙供選擇即可。
> • 所準備的 3 張紙，一張為正確尺寸，一張太小，另一張太大。

💡 活動延伸

★ 包裹不同形狀的物品。

★ 孩子對本活動有信心時，進展到使用一捲紙。針對本活動，背面標有網格的紙捲，確實有助於供裁剪參考。

★ 示範如何用緞帶包東西，然後進展至添加蝴蝶結。

自然拼讀字母表

字母表的字母及其自然拼讀音。

at	fan	kettle	pin	us	
bat	goat	leg	queen	van	
cat	hat	man	rat	was	
dog	ink	not	silence	box	
egg	jug	off	tin	yellow	zoo
					z

辨識字母

沿虛線剪下每一個字母。

字詞拼組

「a」音	cat	map	rat
「e」音	net	bed	leg
「i」音	six	pin	wig
「o」音	dog	fox	box
「u」音	nut	sun	jug

bat	man	bag
web	hen	pen
pig	lip	tin
pot	log	cot
cup	bug	rug

冠詞	形容詞	動詞	介詞
The	big	sat	on
A	red	jumps	under
the	pink	hops	over
a	wet	digs	next to
	little	runs	by

up					
put	looks	saw	goes	creeps	rolls
hot	slim	thin	soft	spotted	stripy

學習高度與長度

沿虛線剪下每一條標尺。

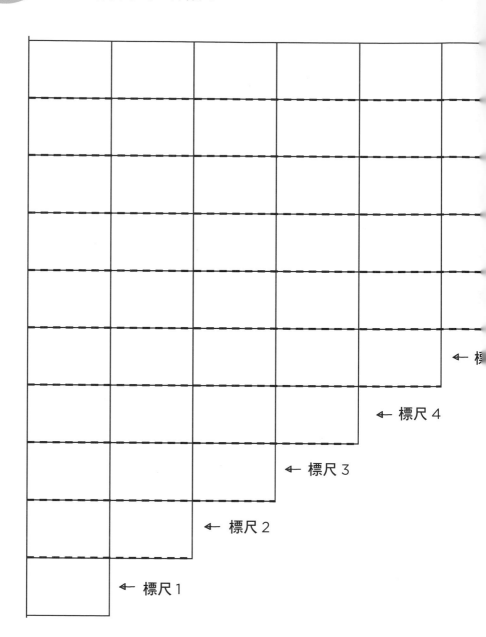

← 標尺 4

← 標尺 3

← 標尺 2

← 標尺 1

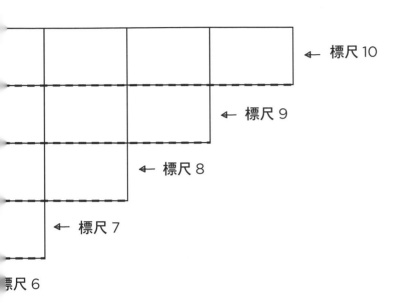

← 標尺 10

← 標尺 9

← 標尺 8

← 標尺 7

標尺 6

故事手套

剪下故事角色圖案，講述《金髮女孩和三隻熊》故事。

國家圖書館出版品預行編目 (CIP) 資料

(圖解) 在家的蒙特梭利：71 個有趣的體驗式生活遊
戲, 培養孩子的語言 x 數學能力 / 馬雅．皮塔明克 (Maja
Pitamic) 著；賴姵瑜譯. -- 初版. -- 臺北市：新手父母出版,
城邦文化事業股份有限公司出版：英屬蓋曼群島商家庭傳
媒股份有限公司城邦分公司發行, 2022.11
　　面；　公分. -- (好家教；SH0172)
譯自：Montessori words numbers UK full layouts low.
ISBN 978-626-7008-29-4(平裝)

1.CST: 學前教育　2.CST: 蒙特梭利教學法

523.23　　　　　　　　　　　　　　111017127

71 個有趣的體驗式生活遊戲
培養孩子的語言 × 數學能力
圖解 在家的蒙特梭利

作　　　　者　馬雅・皮塔明克（Maja Pitamic）
選　　　　書　林小鈴
主　　　　編　陳雯琪
翻　　　　譯　賴姵瑜

行 銷 經 理　王維君
業 務 經 理　羅越華
總　編　輯　林小鈴
發　行　人　何飛鵬
出　　　　版　新手父母出版
　　　　　　城邦文化事業股份有限公司
　　　　　　台北市中山區民生東路二段 141 號 8 樓
　　　　　　電話：(02) 2500-7008　傳真：(02) 2502-7676
　　　　　　E-mail：bwp.service@cite.com.tw
發　　　　行　英屬蓋曼群島商家庭傳媒股份有限公司城邦分公司
　　　　　　台北市中山區民生東路二段 141 號 11 樓
　　　　　　讀者服務專線：02-2500-7718；02-2500-7719
　　　　　　24 小時傳真服務：02-2500-1900；02-2500-1991
　　　　　　讀者服務信箱 E-mail：service@readingclub.com.tw
　　　　　　劃撥帳號：19863813
　　　　　　戶名：書虫股份有限公司

香港發行所　城邦（香港）出版集團有限公司
　　　　　　香港灣仔駱克道 193 號東超商業中心 1F
　　　　　　電話：(852) 2508-6231　傳真：(852) 2578-9337
　　　　　　E-mail：hkcite@biznetvigator.com
馬新發行所　城邦（馬新）出版集團 Cite(M) Sdn. Bhd. (458372 U)
　　　　　　11, Jalan 30D/146, Desa Tasik,
　　　　　　Sungai Besi, 57000 Kuala Lumpur, Malaysia.
　　　　　　電話：(603) 90563833　傳真：(603) 90562833

封面、版面設計、內頁排版 / 鍾如娟
製版印刷 / 卡樂彩色製版印刷有限公司
2022 年 11 月 10 日初版 1 刷　　　　Printed in Taiwan
定價 500 元

ISBN 978-626-7008-29-4　（平裝）

Conceived and produced by Elwin Street Productions
Copyright Elwin Street Limited 2019
10 Elwin Street　London E2 7BU
www.modern-books.com
Chinese complex translation copyright © Parenting Source Press,
a division of Cite Published Ldt.,2022